VOLUME I

A Trágica História do Doutor Fausto

Dido, a Rainha de Cartago

O MAIS ATUAL DO TEATRO CLÁSSICO

VOLUME I

CHRISTOPHER MARLOWE

A TRÁGICA HISTÓRIA DO DOUTOR FAUSTO

DIDO, A RAINHA DE CARTAGO

VOLUME II

ÉSQUILO

PROMETEU

EURÍPIDES

ALCESTE

VOLUME III

WILLIAM SHAKESPEARE

RICARDO III

CHRISTOPHER MARLOWE

VOLUME I

A Trágica História do Doutor Fausto

Dido, a Rainha de Cartago

ADAPTAÇÃO
Luiz Antonio Aguiar

ILUSTRAÇÕES
Rui de Oliveira

DIFEL

Copyright das adaptações © Luiz Antonio Aguiar, 2008

Capa e projeto gráfico: Silvana Mattievich
Ilustração de capa: Rui de Oliveira

Coordenação editorial e suplementos: Veio Libri

Editoração: DFL

2009
Impresso no Brasil
Printed in Brazil

CIP-Brasil. Catalogação na fonte
Sindicato Nacional dos Editores de Livros – RJ

A227t   Aguiar, Luiz Antonio, 1955-
          A trágica história do doutor Fausto; Dido, a Rainha de Cartago/Christopher Marlowe; adaptação Luiz Antonio Aguiar; ilustrações Rui de Oliveira. — Rio de Janeiro: DIFEL, 2009.
          208p.: il. (O mais atual do teatro clássico; v. 1)

          Adaptação de: The tragical history of doctor Faustus/Christopher Marlowe
          Adaptação de: Dido, Queen of Carthage/Christopher Marlowe

          ISBN 978-85-7432-091-5

          1. Literatura infanto-juvenil. I. Marlowe, Christopher, 1564-1593. The tragical history of doctor Faustus. II. Marlowe, Christopher, 1564-1593. Dido, Queen of Carthage. III. Oliveira, Rui de, 1942-. IV. Título. V. Série.

08-5510   CDD – 028.5
                                                  CDU – 087.5

Todos os direitos reservados pela:
DIFEL – selo editorial da
EDITORA BERTRAND BRASIL LTDA.
Rua Argentina, 171 – 1º andar – São Cristóvão
20921-380 – Rio de Janeiro – RJ
Tel.: (0xx21) 2585-2070 – Fax: (0xx21) 2585-2087

Não é permitida a reprodução total ou parcial desta obra, por quaisquer meios, sem a prévia autorização por escrito da Editora.

Atendemos pelo Reembolso Postal.

Sumário

Apresentação	7
A TRÁGICA HISTÓRIA DO DOUTOR FAUSTO	
Introdução: Blasfêmia & Castigo	13
Personagens/Tempo/Localização	15
Prólogo	17
A Trágica História do Doutor Fausto	19
Posfácio	109
DIDO, A RAINHA DE CARTAGO	
Introdução: A Rainha Apaixonada	113
Personagens/Tempo/Localização	115
Dido, a Rainha de Cartago	117
Posfácio	201
Para Discussão e Aprofundamento	203

APRESENTAÇÃO

A coleção O MAIS ATUAL DO TEATRO CLÁSSICO traz algumas das melhores peças já escritas de autores que se tornaram modelos universais das artes dramáticas, com textos adaptados, de modo a torná-los mais acessíveis aos leitores de hoje. Nesta primeira série de três volumes, o tema é *Amor e Imortalidade*.

As peças escolhidas para este volume são *Fausto* e *Dido, a Rainha de Cartago*, ambas de Christopher Marlowe. Nascido presumivelmente em 1564, o mesmo ano em que se costuma situar o nascimento de William Shakespeare, Marlowe foi seu contemporâneo, tendo convivido com ele no mesmo ambiente teatral de Londres, estimulado sob o reinado de Elizabeth I. Conta-se que eram rivais. No entanto, Marlowe ganhou celebridade em seu tempo, antes de Shakespeare. Além da força de seus personagens e cenas, Marlowe foi um renovador do texto, tendo introduzido o *verso branco*, na linguagem teatral. Críticos atuais, como o americano Harold Bloom — que situa Shakespeare como o ápice da criação literária universal —, chegam a afirmar que as peças de Marlowe eram melhores do que as primeiras obras de Shakespeare. Este, segundo Bloom, foi profundamente influenciado por Marlowe, até principalmente, em *Hamlet*, encontrar seu tom inigualável e genial. Mas, então, Marlowe já estava morto. Encerrou sua vida turbulenta numa briga, com contornos de mistério, numa obscura taverna do submundo londrino, em 1593. Não se pode imaginar a que alturas atingiria Marlowe com sua arte, se tivesse vivido tanto quanto Shakespeare.

O *Fausto* de Marlowe — *A Trágica História do Dr. Fausto* — foi a primeira versão para o teatro da lenda do estudioso alemão que vende a alma para o demônio. Retrata toda a angústia de um homem pela busca do conhecimento e do poder, e a sua desesperada incapacidade de aceitar seus limites humanos. Há quem registre a existência de um verdadeiro Fausto, mágico, astrólogo e alquimista, que percorria a Alemanha do final do século XVI, alegando realizar curas e prever o futuro. As narrativas desse personagem teriam sido as principais fontes de Marlowe.

Combinado a um conflito emblematizado por representações do Bem e do Mal tipicamente cristãs, Marlowe nesta peça, como era próprio da arte e da visão de mundo de seu tempo, utiliza também elementos pagãos, da antiguidade greco-romana — muitos personagens da mitologia clássica são chamados à cena, invocados por Mefistófeles, o demônio, para satisfazer Fausto.

As datas, em se tratando de Marlowe — noutra semelhança com William Shakespeare —, são imprecisas, muitas vezes estimadas. No entanto, considera-se que *Fausto* foi provavelmente escrita no final da década de 1580 e revisada pouco antes da morte do autor. Foi publicada postumamente e antecede de dois séculos a versão de Goethe (1749-1832). Muitos consideram o *Fausto* de Marlowe muito mais *desolador* do que o do poeta alemão.

Já *Dido* é uma releitura magistral de um momento decisivo da *Eneida*, de Virgílio (70-19 a.C.). O poeta romano escreveu a epopéia de Enéas, jovem soldado e nobre troiano, filho da deusa Vênus, que, depois de ver sua cidade arrasada pelos gregos, escapa à chacina da família real e, com sua esquadra, atravessa o Mediterrâneo para cumprir uma determinação dos deuses — assentar as bases de um novo império, que no futuro será o mais poderoso da Terra até então. Roma será esse império, ao qual Virgílio busca conferir grandiosidade mitológica. Aliás, a jornada do troiano, por sua vez, ecoa outra travessia pelo Mediterrâneo, a de Ulisses, narrada por Homero na *Odisseia*.

Escrita provavelmente em parceria com Thomas Nashe, talvez em 1583, a *Dido* de Marlowe, ao contrário da personagem de Virgílio, é a grande protagonista da peça. Sua paixão consome não só ela própria, como a todos os que permanecem ao seu redor.

Cada texto é precedido de uma introdução, fornecendo referências importantes para se iniciar a leitura, inclusive alguns parâmetros sobre a adaptação. Em seguida ao texto da peça, há um comentário contendo informações sobre o autor e outros esclarecimentos. Ao final de cada volume, temos um breve glossário e também uma seção de sugestões de temas interessantes, relativos às obras, para aprofundamento e discussão.

Uma obra clássica é um tesouro que venceu a barreira do tempo, as diferenças de culturas e de idiomas, que se reproduziu e popularizou em traduções e adaptações, tornando-se parte do patrimônio cultural da humanidade. E sempre mantendo sua força, um mistério vivo capaz de seduzir e intrigar quem o descobre. É uma obra que transforma pessoas, épocas e o próprio mundo — cuja *antiguidade* se torna um estímulo para *novas* visões de mundo. É uma viagem no tempo, na diversidade da consciência e da imaginação humanas. Essa é a experiência que a coleção O MAIS ATUAL DO TEATRO CLÁSSICO busca oferecer aos leitores.

A Trágica História do Doutor Fausto

A TRÁGICA HISTÓRIA DO DOUTOR FAUSTO

INTRODUÇÃO

BLASFÊMIA E CASTIGO

Na abertura de *Fausto*, veremos um angustiado estudioso, já com idade avançada, que, tendo adquirido e esgotado o conhecimento *lícito* de sua época, decide entrar pelas *artes proibidas*, o conhecimento concedido pelo demônio, a um preço que qualquer um julgaria impagável — a alma da criatura humana, sua condenação ao tormento eterno dos infernos. O que o Doutor Fausto pede é o conhecimento de segredos que a consciência humana ainda não alcançou e, ao mesmo tempo, ter ao seu alcance recursos que lhe garantam o triunfo sobre qualquer inimigo. Ele pede o saber, mas não aquele que longamente se conquista no estudo e na reflexão, mas o que se abre imediatamente a um mero desejo. O que ele quer então é escapar de sua condição humana, a qual, entre outras coisas, estabelece limites, inclusive o da mortalidade.

Essa é a suprema blasfêmia; porque negar os limites da condição humana é também e necessariamente negar a criação divina — o ser humano *como Deus o criou*. É rejeitar a *filiação* a Deus e alinhar-se a outra, no caso, à do excluído por Deus, Satanás. Fausto renega sua natureza *divina*, troca-a, vende-a ao demônio. Sabe do preço que vai pagar por isso, mas, mesmo assim, assina esse contrato com seu próprio sangue. E a genialidade de Marlowe, nesta peça, será levar o leitor para dentro do conturbado coração de Fausto, que se debate ao mesmo tempo entre a ânsia por ser mais do que humano e o medo do inferno ao qual se condenou.

Em poucas outras peças a palavra *tentação* ganhou um significado tão invasivo e poderoso quanto na *Trágica História do Doutor Fausto*. Sim, porque, se o inferno não era uma questão de escolha para os gregos — iam para o inferno da mitologia clássica todos os espíritos, independentemente de seus méritos ou faltas —, o é para a criatura sob a cultura cristã. E isso torna a escolha de Fausto ainda mais estonteante ou, melhor, pela mão de Marlowe, torna para nós ainda mais assustador observar que a natureza humana bem poderia colocar-se na mesma situação.

PERSONAGENS, TEMPO E LOCALIZAÇÃO

Coro
Fausto
Wagner, servo de Fausto
Anjo do Mal
Anjo do Bem
Valdes
Cornélio
Mefistófeles, o Demônio
Robin, palhaço e cavalariço
Rafe, cavalariço
Lúcifer
Belzebu
Sete Pecados Mortais
Papa
Cardeal de Lorraine
Taberneiro
Carlos V, Imperador da Germânia
Cavaleiro
Espírito de Alexandre, o Grande
Comerciante de Cavalos
Duque e Duquesa de Vanholt
Ancião
Três Eruditos
Espírito de Helena de Troia
Servos, demônios, frades

A ação se passa na Alemanha, presumivelmente na segunda metade do século XVI.

PRÓLOGO

CORO

A história que vamos contar agora nem é sobre as guerras que tanto excitam Ares,[1] o deus de todas elas, nem sobre as aventuras amorosas nas cortes dos reis, onde o Estado por vezes troca de mãos, nem sobre os grandes feitos dos homens. Não é sobre isso que nossa Musa nos põe a narrar. Não, minhas senhoras e meus senhores. Vamos contar para vocês a tragédia de Fausto, sem nada esconder. Pedimos a vocês paciência e seu aplauso. E começamos com a infância de nosso personagem.

Fausto nasceu na Alemanha, numa cidade chamada Rhodes. Era filho de gente modesta e, ainda bem jovem, foi para Witteberg, onde sua família o criou. Logo se aprofundou no conhecimento de Deus e de Seus mistérios e, não demorou muito, lhe foi concedido o título de doutor, superando todos os seus colegas com quem travava prazerosos debates em teologia. Até que, inflado pelo ardil da vaidade, suas Asas de Ícaro[2] o transportaram a alturas que não deveria alcançar, e os céus, que derretem toda vaidade humana, conspiraram para sua queda. E isso por Fausto ter incorrido nas artes demoníacas. Ávido de conhecimentos, ousou enveredar pela amaldiçoada necromancia.[3] Nada lhe parecia tão gratificante quanto a magia, à qual se entregou para não ter de enfrentar seu último suspiro. E este é o homem que vemos agora em seu gabinete de estudos.

---

[1] Ares, na mitologia grega, o deus da guerra.
[2] No original, *His waxen wings* ou suas asas de cera. Ícaro, entusiasmado pela possibilidade de voar com suas asas de cera, aproximou-se demasiadamente do sol, e as asas derreteram-se. Ícaro despencou dos céus e morreu ao cair no mar Egeu, que passou a se chamar Mar de Ícaro.
[3] *Magia negra* ou mais especificamente, em alguns casos, manipulação dos espíritos dos mortos.

ATO I, CENA 1

[Fausto em seu gabinete de estudos.]

FAUSTO

Ah, Fausto, chegou a hora de avaliar tudo o que você já estudou e começar a sondar as profundezas daquilo que pretende professar. Considerando minha posição e meus títulos, mesmo almejando chegar aos extremos de todo conhecimento, convém aparentar que me mantenho nos caminhos de Deus e que vivo e morro limitado à obra de Aristóteles.[4]

No entanto, o que temos aqui? Ah, a bela *Retórica*. Não é você que deveria me encantar? [Lê:] "O objetivo final da lógica é a boa argumentação"... Mas como? Essa filosofia não ambiciona nenhum milagre? Então, pare de lê-la, Fausto, uma vez que você já alcançou o limite desta obra. E já um tema mais importante atrai a inteligência de Fausto. Dê adeus ao *ser-e-não-ser*.

Que venha Galeno,[5] agora: "O trabalho do médico inicia-se quando acaba o do filósofo." Seja então um médico, Fausto, faça fortuna e seja eternizado pela descoberta de alguma cura extraordinária. *O propósito da medicina é proporcionar saúde ao nosso corpo*. Por que, então, Fausto, você

---

[4] Aristóteles (384 a.C.-322 a.C.) foi um dos mais influentes filósofos da Grécia clássica, cuja obra até hoje é referência para o pensamento em várias áreas.
[5] Médico grego e escritor, nascido em 129 e morto por volta de 199. Trata-se de um dos mais destacados médicos da Antiguidade. Seus tratados continuaram sendo estudados até mais de um milênio depois de sua morte.

não consegue se satisfazer com tão nobre propósito? Tudo o que lhe sai da boca não é levado em alta consideração? E as suas receitas não se erguem como monumentos, onde cidades inteiras foram salvas da peste e milhares de enfermos desesperados tiveram seus sofrimentos aplacados?

No entanto, você continua sendo nada, senão Fausto e não um deus. E assim seria mesmo que tornasse possível aos homens viverem eternamente e, aos mortos, voltarem à vida. Ora, no entanto, eu deveria dar valor a essa profissão. Ou não?

Não! Medicina, adeus! Onde está Justiniano?[6] *Se a dois homens cabe receber como legado a mesma coisa, a um será entregue essa coisa e, ao outro, seu valor monetário.* Mas que assunto mais mesquinho! *A um pai é proibido deserdar seu filho, a não ser que...* É esse o objeto da instituição da Igreja e da Lei Canônica. Mas aqui está um estudo que se ajusta melhor a um trabalhador assalariado que visa a nada mais do que ganhos exteriores — servil demais e por demais dependente de patrões para o meu gosto.

Ao final das contas, a pureza divinal é o melhor. A Bíblia de Jerônimo,[7] Fausto, vê isso muito bem. *A recompensa do pecado é a morte...* Rá-rá! Mas quanto rigor! *Se dissermos que não temos pecados, estamos enganando a nós mesmos, e em nós deixa de haver verdade.* Donde eu concluo que sempre estaremos em pecado e, consequentemente, morreremos também em pecado. Ah, sim, então, devemos morrer de uma morte sem fim. Que pode lhe reservar tal doutrina? *O que será, será.* Chega! Adeus, Caminhos Divinos!

[Ele apanha um livro de magia.]

---

6 Justiniano I (483-565), imperador bizantino que concluiu a codificação das leis romanas.
7 São Jerônimo ou Eusebius Hieronymus (347?-419 ou 420), um dos *Pais da Igreja*, traduziu a Bíblia para o latim.

Esta metafísica dos magos e os livros de necromancia é que são celestiais; linhas, círculos, figuras, letras e caracteres. Ah! Agora, é isso o que Fausto mais deseja. Ah, que mundo de recompensas e prazer, de poder, honra e onipotência é prometido ao estudioso dedicado. Tudo o que existir entre os limites imutáveis do Universo deverá submeter-se ao meu comando. Imperadores e reis somente são obedecidos em seus reinos e não são capazes de invocar os ventos ou dispersar as nuvens. Mas o domínio deste que estuda as artes mágicas abarca tudo isso e se estende até onde alcança a mente humana. Um bom mago é um deus poderoso.

Então, Fausto, que desafio para o seu cérebro seria subjugar uma entidade mágica!

Wagner! Aqui!

[Entra Wagner.]

FAUSTO
Recomende-me a meus queridos amigos, German Valdes e Cornélio. Peça que venham me ver com urgência.

WAGNER
Farei isso, meu senhor.

[Sai Wagner.]

FAUSTO
Conversar com eles será uma maior ajuda para mim do que meus esforços, que, por mais penosos, não me trarão resultados rápido o bastante.

[Entram o Anjo do Bem e o Anjo do Mal.]

ANJO DO BEM

[Apontando para os livros.] Ó Fausto, deixe de lado esses livros amaldiçoados. Nem sequer lhe ponha os olhos, se não quiser ter a alma tentada e sofrer a ira de Deus. Leia as Escrituras, leia-as com persistência. O que você está fazendo é uma blasfêmia.

ANJO DO MAL

Adiante, Fausto! Coragem! Aprenda sobre esse conhecimento famoso no qual estão contidos todos os tesouros da natureza. Seja você na Terra o que Jeová é nos Céus, Senhor e Comandante de todos os elementos.

[Saem ambos os anjos.]

FAUSTO

É impressionante como estou entusiasmado com minhas novas possibilidades. Vou ordenar aos espíritos que realizem tudo o que eu deseje. Que respondam a todas as minhas dúvidas. Que executem toda tarefa, por mais extraordinária, que eu determinar. Vou fazê-los voar à Índia e de lá me trazer muito ouro. Vou ordenar que vasculhem os mares em busca de pérolas orientais e que esquadrinhem todos os cantos do mundo recém-descoberto à cata de deliciosas frutas e principescos alimentos. Vou fazê-los decifrar para mim as mais exóticas filosofias e me contarem os segredos de todos os reis estrangeiros. Vou fazê-los construir uma muralha de bronze em torno da Alemanha e desviar o ligeiro Reno para que ele margeie a linda Wittenberg. Vou fazê-los entupir as universidades públicas com seda, com a qual todos os estudantes irão se vestir.

Vou contratar um exército com as moedas que me trarão que irá expulsar os príncipes invasores de nossa terra. Sim, vou fazer meus servos-espíritos inventarem as mais estranhas máquinas para espalhar o horror da guerra, máquinas tão terríveis que ponham fim ao cerco que os estrangeiros impõem a nossas cidades. E serei eu, somente eu, a reinar sobre todas as nossas províncias.

Venham, German Valdes e Cornélio, e me abençoem com seus sábios conselhos.

[Entram Valdes e Cornélio.]

Valdes, bom Valdes, e Cornélio, saibam que suas palavras finalmente me convenceram a praticar a magia e as artes ocultas. De fato, não apenas suas palavras, mas minha própria fantasia, que não aceitará objeções da minha cabeça e só faz ruminar sobre o que me revelará a necromancia.

A filosofia é por demais odiosa e obscura. Tanto as leis quanto a medicina são para inteligências diminutas. Os desígnios de Deus são o fundamento das três, e agora esses desígnios me parecem repulsivos, obtusos, desprezíveis e irrelevantes.

Mas, a magia... esta me fascinou! Então, bons amigos, ajudem-me nessa empreitada. Eu, que com breves silogismos tornei perplexos os ministros da Igreja germânica e fiz os mais orgulhosos estudiosos de Wittenberg enroscarem-se em minhas questões, assim como os espíritos do inferno em torno do poeta Museu,[8] quando este desceu aos infernos. Serei tão ardiloso quanto foi Agrippa,[9] a quem os espíritos que invocou fizeram toda a Europa homenageá-lo.

VALDES

Fausto, esses livros, sua inteligência e nossa experiência farão todas as nações nos canonizarem. Assim como os nativos da América obedecem a seus senhores espanhóis, também nos obedecerão os espíritos, que comandam todos os elementos. Eles se tornarão nossos servos. E nos protegerão, como leões, quando assim o desejarmos. Ou, como cavaleiros

---

8 Em alguns mitos, Museu seria o poeta filho de Orfeu. Na *Eneida*, de Virgílio (poeta romano, 70-19 a.C.), ele aparece, no Mundo dos Mortos, cercado por uma multidão de espíritos que se arrastam aos seus pés.
9 Cornelius Agrippa von Nettesheim, conhecido como mago, alquimista, viveu na Alemanha do século XVI. Autor de uma obra bastante influente sobre artes mágicas: *De occulta philosophia*.

com suas lanças. Serão Gigantes de Gelo do Norte,[10] cavalgando junto a nós. Às vezes como mulheres ou donzelas, exalando mais beleza em seus semblantes etéreos do que os seios pálidos da deusa Vênus.[11] Em Veneza,[12] deverão capturar e trazer para nós grandes naus, e da América, os velocinos de ouro[13] que ano a ano se acumulam no tesouro do velho Felipe, rei da Espanha.[14] E, para isso tudo, basta o erudito Fausto mostrar determinação.

FAUSTO

Valdes, estou tão determinado a fazer isso como a continuar vivendo. Não duvide de mim.

CORNÉLIO

Os milagres da magia vão fazê-lo devotar-se exclusivamente a esse estudo. Aquele que tem conhecimentos em astrologia, é versado em idiomas e em minerais tem nas mãos todos os princípios que a magia requer. Então, não duvide, Fausto, que você alcançará grande renome. E que virão consultá-lo com mais assiduidade sobre esse mistério do que foi o Oráculo de Delfos.[15] Os espíritos me dizem que podem fazer secar o mar e arrebatar os tesouros de todos os naufrágios, bem como toda a riqueza que nossos ancestrais ocultaram nas entranhas da terra. Então me diga, Fausto, que mais podemos desejar?

---

10 Os Gigantes de Gelo do Norte, na mitologia nórdica, são criaturas anteriores ao nascimento do mundo, inimigas dos deuses, como Odin, e da espécie humana que este criou.
11 Vênus, na mitologia romana, Afrodite, na grega, é a deusa da beleza.
12 Veneza, no século XVI, era o porto que centralizava o comércio das especiarias e de outras mercadorias orientais, valorizadíssimas na Europa.
13 Uma alusão ao *velocino de ouro*, o pelo de um carneiro sagrado, que Jasão e seus companheiros, os argonautas, tiveram de trazer da Cólquida, numa das maiores aventuras da mitologia grega.
14 Mais uma referência às riquezas que a Espanha pilha no Novo Mundo. A Europa de então fascinava-se com a quantidade de ouro trazida das Américas, e muitas fantasias foram construídas a esse respeito.
15 O templo em Delfos dedicado a Apolo, o deus das profecias, entre outros atributos, tinha como sua sacerdotisa-mor uma vidente, que recebia as revelações sobre o futuro, enviadas pelo deus. O Oráculo, na Fócida, era bastante procurado e constantemente mencionado nas narrativas gregas antigas.

FAUSTO

Mais nada, Cornélio. Ah, isso alegra a minha alma. Venham, façam para mim uma demonstração dessa magia, que devo conjurar em algum bosque luxuriante, e vamos tomar posse desses prazeres.

VALDES

Então, sigamos para um bosque isolado e levemos conosco os trabalhos de Bacon e Albano,[16] os salmos hebreus e o Novo Testamento. E o mais que for requerido nós lhe diremos antes que nosso encontro aqui termine.

CORNÉLIO

Valdes, primeiro devemos deixá-lo conhecer as palavras secretas de nossa arte e, a seguir, todos os rituais que já aprendemos. Depois disso, Fausto poderá testar por si mesmo esse conhecimento oculto.

VALDES

Sim, bastará lhe transmitir os fundamentos, e então logo você se tornará um mago muito mais poderoso do que eu.

FAUSTO

Então, venham e jantem comigo. Depois da refeição, discutiremos todos os detalhes, porque, antes de me recolher ao leito, experimentarei o que sou capaz de fazer. Esta noite ainda, estarei conjurando, mesmo que morra depois.

---

16 Roger Bacon (c. 1212-1292), filósofo de Oxford, ganhou fama de mago, o que nunca admitiu. Monge franciscano, foi acusado de heresia e passou 10 anos na prisão. Pietro d'Abano (c. 1250-1316), médico italiano, também ganhou fama de necromante.

ATO I, CENA 2

[Entram dois eruditos.]

PRIMEIRO ERUDITO
Fico me perguntando o que é feito de Fausto. Sinto falta das brilhantes conclusões com que fazia estremecerem as paredes de nossas universidades.

SEGUNDO ERUDITO
Sim, mas logo teremos notícias dele. Aí vem o servo de Fausto.

[Entra Wagner com vinho.]

PRIMEIRO ERUDITO
E então, rapaz, onde está o seu amo?

WAGNER
Deus é que sabe dele.

SEGUNDO ERUDITO
Ora, e você não?

WAGNER
Sim, eu sei, mas daí nada de proveito se deduz.

PRIMEIRO ERUDITO
Vamos, meu rapaz. Deixe de graça e nos diga onde ele está.

WAGNER
Não segue nenhuma lógica que os senhores, sendo tão doutos, devam insistir nessa pergunta. Portanto, reconheçam o seu erro e tomem cuidado com o que fazem.

SEGUNDO ERUDITO
Ora, você não disse que sabe onde ele está?

WAGNER
Tem alguma testemunha disso?

PRIMEIRO ERUDITO
Sim, rapaz, eu o escutei muito bem.

WAGNER
E eu por acaso sou um ladrão mentiroso?

SEGUNDO ERUDITO
Bem, então, não vai nos contar?

WAGNER
Vou, meu senhor. Vou lhe contar. No entanto, se não fossem estúpidos, não me perguntariam tal coisa. Então ele não é um corpo natural, e como todo corpo natural sujeito ao movimento? Se é assim, por que me pergunta uma idiotice dessas? Se, por natureza, sou fleumático, difícil de irritar e propenso à luxúria — ou ao amor, deveria dizer —, não é justificativa para permitir que irrompam no salão de execuções... digo, no salão *de refeições* de meu amo como se estivessem querendo salvar alguém da forca, se bem que não duvido que em breve veja ambos vocês enforcados. Portanto, apesar de ter triunfado sobre vocês, com meu discurso, manterei a serenidade de um monge e lhes direi o que querem, como também este vinho, se fosse dotado da palavra, poderia dar tal informação aos digníssimos senhores. De fato, meus nobres irmãos, meu amo está lá dentro, jantando com Valdes e Cornélio. Isso dito, que Deus os abençoe e que os preserve em boa saúde, meus nobres irmãos.

[Sai Wagner.]

PRIMEIRO ERUDITO
Ora, então! Temo que Fausto tenha sido possuído pela maldita arte, na qual esses dois se tornaram infames em todo o mundo.

SEGUNDO ERUDITO

Se fosse ele um estranho e não meu amigo, ainda assim lamentaria por ele. Mas, venha, vamos sair daqui e nos dirigir ao reitor para informá-lo do que está acontecendo. Quem sabe ele, com seu respeitável conselho, poderá resgatá-lo?

PRIMEIRO ERUDITO

Oh, mas temo que nada irá conseguir tal coisa agora.

SEGUNDO ERUDITO

Vamos ver o que pode ser feito.

ATO I, CENA 3

[Entra Fausto, segurando um livro e prestes a conjurar.]

FAUSTO

Chegou a hora, Fausto! A lúgubre sombra da terra, desejosa de vislumbrar as cintilâncias de Orion,[17] já salta do mundo antártico para cobrir o céu e obscurece o firmamento com seu hálito de piche. Inicie então os seus encantamentos e veja se o demônio, a quem você fez preces e sacrifícios, obedecerá as suas ordens.

[Ele desenha um círculo no chão.]

No interior deste círculo está o nome secreto de Deus, em sentido correto e de trás para a frente, e também em anagramas. Aqui tenho ainda a abreviação dos nomes dos santos. E ainda todas as figuras e adjuntos dos céus, assim como caracteres com os signos do zodíaco e das estrelas errantes, a cujo comando os espíritos são forçados a se erguer. Não tema, portanto, Fausto, demonstre decisão e experimente os extremos que podem ser realizados pela magia. *Que os deuses do Mundo dos Mortos venham a mim! Que a Trindade Divina desapareça! Espíritos do ar, da terra e da água, sejam bem-vindos! Intercedam por nós, ó Lúcifer, Príncipe do Oriente, Belzebu, soberano do ardente inferno, e Demogorgon, para que Mefistófeles apareça e se erga aqui e agora. Por que a demora? Por Deus, pelos infernos judaicos e pela água benta que agora derramo, pelo sinal-da-cruz que faço agora e por nossas preces... Que o próprio Mefistófeles se erga agora e obedeça as minhas ordens.*

---

17 A constelação de Orion aparece bastante na poesia clássica, como na *Eneida* de Virgílio. Possui estrelas brilhantes e é reconhecível em ambos os hemisférios. Na mitologia grega, Orion era um gigante caçador dotado de rara beleza.

[Fausto derrama água benta e faz o sinal-da-cruz. Entra o demônio Mefistófeles.]

Ordeno a você que retorne e mude de forma. Você é horrendo demais, não suporto a sua aparência. Vá e retorne como um frade franciscano, e que esse vulto santo seja a besta do demônio.

[Sai Mefistófeles.]

Vejo que há virtude em minhas divinais palavras. Quem não conseguiria dominar essas artes? E como é dócil esse Mefistófeles — todo obediência e humildade! —, tal é a força da magia e dos meus encantamentos! E de agora em diante serei Fausto, o laureado conjurador de artes mágicas, aquele que pode comandar Mefistófeles.

Pode retornar agora, Mefistófeles, mas sob a forma que lhe determinei.

[Entra Mefistófeles, surgindo como um frade.]

MEFISTÓFELES
E agora, Fausto, o que mais você deseja que eu faça?

FAUSTO
Ordeno a você que esteja a meu serviço enquanto eu viver. Que realize todos os meus desejos, seja fazer a lua despencar da esfera celeste, seja fazer com que os oceanos cubram o mundo.

MEFISTÓFELES
Sou um servo do Grande Lúcifer e não posso aceitar as ordens que você me dá sem a permissão dele.

FAUSTO
Mas ele não lhe ordenou que surgisse para mim?

MEFISTÓFELES
Não, eu não surgi aqui nem pela minha vontade nem pela dele.

FAUSTO
Não foram os meus encantamentos que fizeram você surgir aqui? Confesse!

MEFISTÓFELES
Essa foi a causa, mas apenas *por acaso*. Ocorre que, quando escutamos alguém maldizer o nome de Deus, renegar as Escrituras e Cristo, seu Salvador, logo revoamos ao seu encontro na esperança de arrebatar sua alma gloriosa. Não surgimos diante dele, a não ser que a pessoa use esse recurso, pelo qual ele se arrisca à danação eterna. Portanto, o melhor atalho para a conjuração de poderes do Mal é renegar a Santa Trindade e dedicar fervorosas preces ao Príncipe dos Infernos.

FAUSTO
Foi o que fez Fausto, e escute o que tenho mais a lhe dizer: *Não há nenhum senhor a não ser Belzebu, a quem Fausto se dedica inteiramente*. Esse juramento que condena à danação não me aterroriza, porque hoje já confundo o Inferno com os Campos Elísios.[18] Que o seu fantasma se reúna aos dos velhos filósofos! Mas vamos deixar de lado essas futilidades tão pequenas sobre as almas dos homens. Diga-me, Lúcifer é o seu senhor?

MEFISTÓFELES
Ele é o arquirregente e comandante de todos os espíritos.

FAUSTO
Mas no passado ele não foi um anjo?

MEFISTÓFELES
Sim, Fausto. O anjo que Deus mais amava.

---

18 Campos Elísios ou Eliseu era uma região especial do Reino dos Mortos — o Inferno, na mitologia grega, para onde iam todos os espíritos dos falecidos —, plena de delícias e divertimentos, reservada para os heróis e protegidos dos deuses.

FAUSTO

E como se tornou o Príncipe dos Infernos?

MEFISTÓFELES

Ah, por conta de seu muito orgulho e de sua insolência. Deus terminou expulsando-o do Paraíso.

FAUSTO

E o que é você que convive com Lúcifer?

MEFISTÓFELES

Sou um dos espíritos desolados que foram expulsos juntamente com Lúcifer por terem participado também da conspiração. Fomos todos condenados à danação eterna.

FAUSTO

E essa condenação significa ser enviado para onde?

MEFISTÓFELES

Para os infernos.

FAUSTO

E como você conseguiu, neste momento, sair do inferno?

MEFISTÓFELES

Ora, aqui estou ainda no inferno e não fora dele. Reflita, eu vi a face de Deus e saboreei as eternas delícias do Paraíso. Não estarei agora mesmo atormentado por dez mil infernos ao ter sido privado da bem-aventurança eterna? Ah, Fausto, desista dessas fúteis pretensões que até a mim e à minha pobre alma aterrorizam.

FAUSTO

Como? O grande Mefistófeles se mostra melancólico por ter sido privado das alegrias do Paraíso? Então, que aprenda com a determinação de Fausto, e passe de hoje em diante a desdenhar dessas alegrias das quais eu jamais desfrutarei. Vá levar essas notícias ao grande Lúcifer! Diga-lhe que Fausto agora se decidiu pela morte eterna, de tanto desapontamento com a figura divina de Deus. Diga-lhe que lhe entregarei minha alma eterna, se ele me mantiver vivo por mais 24 anos, permitindo que experimente de toda volúpia, que você me sirva para sempre e me proporcione tudo o que eu desejar, seja exterminar meus inimigos, favorecer meus amigos ou o que for. Vá agora, retorne ao poderoso Lúcifer e me encontre em meu gabinete de estudos, à meia-noite, para me transmitir o que o seu amo decidiu.

MEFISTÓFELES

Farei isso, Fausto.

[Sai Mefistófeles.]

FAUSTO

Mesmo que eu possuísse tantas almas quantas estrelas há nos céus, todas eu entregaria a Mefistófeles. Por intermédio dele, eu serei o grande imperador do mundo e farei com que me construa uma ponte, que cruzará o ar vazio, para atravessar o oceano com meus exércitos. Vou poder ligar as colinas do litoral africano à Espanha e fazer de toda esta terra um único continente, submetido à minha coroa e me pagando tributos. E tamanho império não poderá sequer respirar sem a minha permissão, nem nenhum potentado germânico terá autonomia. Agora que obtive o que desejava, devo apenas imaginar tudo o que posso auferir dessas artes até o retorno de Mefistófeles.

ATO I, CENA 4

[Entram Wagner e Robin, o palhaço.]

WAGNER
Ah, meu menino, venha cá correndo.

ROBIN
Como assim "meu menino"? Ora, *menino*! Espero que você já tenha visto muitos meninos com um ferrão como o que eu tenho. *Menino*, que ousadia!

WAGNER
Diga-me, então, meu caro: tem ganho algum?

ROBIN
E tenho gasto mais ainda, sabe disso.

WAGNER
Que tristeza, escravo infeliz! A pobreza transparece em sua nudez. O idiota está sem nenhum e desempregado, e tão faminto que bem sei que venderia a alma ao demônio por uma perna de carneiro, mesmo que estivesse crua e sangrenta.

ROBIN
O quê? Você se engana, meu amigo. Por Nossa Senhora! Pelo menos, eu exigiria que estivesse assada e bem temperada, se tenho de pagar tão caro por ela.

WAGNER
Bem, se quiser me servir, vou fazer de você um aluno obediente.

ROBIN
E com o que me pagará? Com versos?

WAGNER
Meu caro, vamos deixar de brincadeiras. Quero você a meu serviço por sete anos, senão vou atiçar todos os vermes que você carrega, com a fome de parentes, e eles o farão em pedaços.

ROBIN
Mas o que está dizendo? Pode se poupar esse trabalho: eles já são como se fossem minha família. Ora, se estão tão fincados ao meu corpo como se tivessem pago pela minha carne e sangue!

WAGNER
[Oferecendo dinheiro.] Bem, então, preste atenção, pegue aqui estas moedas.

ROBIN
Lindas moedas. [Apanhando as moedas.] Pena que sejam de tão baixo valor.

WAGNER
Ora, é assim? Então, meu caro, você foi avisado. Daqui a uma hora, o próprio diabo cairá em cima de você.

ROBIN
Não, não, tome aqui suas moedas de volta.

WAGNER
Não as quero.

ROBIN

Mas tem de aceitá-las, são suas!

WAGNER

[Para a platéia:] Todos aqui são testemunhas que eu as dei a ele.

ROBIN

E que eu as devolvi.

WAGNER

Bem, então! Vou conclamar dois demônios para convencê-lo a me obedecer. Baliah! Belcher!

ROBIN

Rá! Que venham esses seus Baliah e Belcher. Se aparecerem por aqui, eu lhes dou uma surra. Nunca em sua vida de demônios vão ter apanhado tanto. Talvez eu deva até mesmo matar um deles. E o que o pessoal vai dizer então? *Estão vendo aquele sujeito alto, ali, com as calças largas? Ele matou um demônio.* E daí vou passar a ser chamado de *O matador de demônios* por toda a nossa paróquia.

[Entram os dois demônios e Robin começa a correr descontrolado, de um lado para outro, gemendo e gritando.]

WAGNER

Baliah! Belcher! Sumam daqui, espíritos!

[Os demônios saem.]

ROBIN

Mas, para onde foram? Que os céus os aniquilem! Eles têm unhas longas e medonhas! Havia um demônio fêmea e um demônio macho. E já lhes digo como se pode distinguir o sexo deles: todos os demônios machos têm chifres e outras protuberâncias, e todos os demônios fêmeas têm patas rachadas e outras fendas.

WAGNER

Muito bem. Então, meu rapaz, siga-me.

ROBIN

Não, escute. Se eu me tornar seu servo, você me ensinará a invocar Balabá e Belxe?

WAGNER

Não, mas posso ensinar a você a se transformar no que quiser: um cão, um cachorro, um rato. Qualquer coisa.

ROBIN

Como? Um cristão transformado num cão, num gato ou num rato? Não, não, senhor! Se vai me transformar em alguma coisa, que seja numa graciosa e saltitante pulga, de modo que eu possa entrar em todos os lugares. Até mesmo debaixo das vestes das moças. Ah! Ali vou ser muito feliz.

WAGNER

Bem, venha então, meu rapaz!

ROBIN

Você me escutou, Wagner?

WAGNER

Ainda demora! Baliah e Belcher!

ROBIN

Oh, meu Deus! Eu lhe suplico, Wagner, deixe Balibá e Belquer adormecidos.

WAGNER

Seu imundo! Chame-me a partir de agora de *meu amo* e que o seu olho esquerdo permaneça fixo no meu calcanhar direito! Seguindo minhas pegadas![19] *Quasi vestigiis nostris insistere.*

[Sai Wagner.]

ROBIN

Que Deus me perdoe! Ele até mesmo fala línguas estranhas. Bem, não tem jeito, devo segui-lo e servi-lo, é tudo.

[Sai Robin.]

---

19 Em latim: *Como se acompanhasse minhas pegadas.*

ATO II, CENA 1

[Fausto entra em seu gabinete de estudos.]

FAUSTO
Agora, Fausto, você deve de fato se condenar à danação? Não poderá mais ser salvo? O que o mantém pensando em Deus e no Paraíso? Longe de mim essas fantasias vãs e todo o desespero! Desespero em relação a Deus e fé em Belzebu! Não recue agora, Fausto, seja determinado! Por que hesita? Ah, algo ressoa em meus ouvidos: *Renegue a magia! Volte-se de novo para Deus!* Ora, e Fausto se voltará novamente para Deus? Para Deus, que não o ama? O deus a quem você serve é o que o sacia, e nele está o amor a Belzebu. A esse deus eu erguerei altares e uma igreja, e a ele oferecerei o sangue tépido de recém-nascidos.

[Entram o Anjo do Bem e o Anjo do Mal.]

ANJO DO BEM
Meigo Fausto, abandone as artes execráveis.

FAUSTO
Contrição, preces, arrependimento — o que podem me trazer?

ANJO DO BEM
Ah, esses são os meios de se alcançar o Paraíso.

ANJO DO MAL
Não passam de ilusões, criação de lunáticos que torna os homens estúpidos para que mais ainda possam crer nelas.

ANJO DO BEM
Meigo Fausto, pense no Paraíso e em tudo o que é divino.

ANJO DO MAL
Não, Fausto, pense na honra e na riqueza.

[Saem os anjos.]

FAUSTO
Riqueza? Ora, se serei o senhor do mundo. Com Mefistófeles do meu lado, que deus poderá feri-lo, Fausto? Sua arte é segura, garantida. Então, basta de dúvidas. Venha, Mefistófeles, e me traga boas notícias do grande Lúcifer. Ainda não é meia-noite? Venha, venha, Mefistófeles!

[Entra Mefistófeles.]

FAUSTO
E, agora, diga-me qual a resposta de Lúcifer?

MEFISTÓFELES
Que eu devo servir a Fausto enquanto ele viver. E que ele pagará meus serviços com a sua alma.

FAUSTO
Fausto já a entregou ao seu senhor.

MEFISTÓFELES
Não, Fausto, você deve escrever e assinar esse contrato solenemente com o seu próprio sangue, porque essa é a garantia exigida pelo grande Lúcifer. Se você se negar a fazer isso, eu retornarei aos infernos.

FAUSTO
Não, fique, Mefistófeles, e me diga que benefício trará a minha alma a Lúcifer.

MEFISTÓFELES

Ela irá se acrescentar a seus domínios.

FAUSTO

E essa é toda a razão que ele tem para nos tentar?

MEFISTÓFELES

É sempre um consolo aos infelizes ter outros para compartilhar da mesma desgraça.

FAUSTO

Mas você sofre dos mesmos padecimentos que inflige a outros?

MEFISTÓFELES

Dos mesmos que sofrem as almas dos homens. Mas, diga-me, Fausto, terei então a sua alma? Se assim for, serei seu escravo, estarei sempre ao seu lado e lhe darei mais do que você conseguirá pedir.

FAUSTO

Sim, Mefistófeles, entregarei minha alma a você.

MEFISTÓFELES

Então, Fausto, pegue uma faca e corte seu braço com toda a coragem. Comprometa-se assim a me entregar sua alma, que algum dia, no futuro, o grande Lúcifer reclamará para si. Assim, você se tornará tão grande quanto Lúcifer.

FAUSTO

Veja, Mefistófeles, por amor a você, abro um corte no meu braço, e meu próprio sangue garante que minha alma será entregue ao grande Lúcifer. Maior de todos os senhores, regente da noite perpétua. Veja aqui o sangue que escorre do meu braço e o aceite como pagamento pelo que desejo.

MEFISTÓFELES

Ainda não, Fausto, você deve escrever um acordo de cessão de sua alma, com sua própria mão.

FAUSTO

Farei isso! [Escrevendo.] Mas, Mefistófeles, meu sangue coagula! Não posso mais escrever com ele.

MEFISTÓFELES

Invocarei o fogo para dissolvê-lo.

[Sai Mefistófeles.]

FAUSTO

Que presságios essa coagulação de meu sangue, tão repentina, podem significar? Pode meu próprio sangue ter escrito o acordo a contragosto? Por que não correu livremente de minha carne para que eu pudesse escrever *Fausto lhe entrega sua alma?*... Ah, mas não. E por quê? Não serei eu o dono de minha própria alma? Então, vou escrever novamente: *Fausto lhe entrega sua alma.*

[Entra Mefistófeles com um braseiro.]

MEFISTÓFELES

Aqui está o fogo. Vamos, Fausto, ponha o prato com o seu sangue sobre o fogo.

FAUSTO

Muito bem, meu sangue começa de novo a clarear. Agora, vou tratar de fazer isso imediatamente.

[Ele escreve.]

MEFISTÓFELES

[À parte.] Ah, o que mais eu não faria para obter a sua alma?

FAUSTO

Está consumado. O acordo está firmado. E Fausto comprometeu-se a entregar a sua alma a Lúcifer. Mas que inscrição é esta que apareceu em meu braço? *Voe, Homem!* Para onde devo voar? Se é para os braços de Deus, Ele me atiraria no inferno. Meus sentidos me enganam, não pode haver nada escrito aqui. Não vejo nada aqui. Mas está escrito *Voe, Homem!*; no entanto, Fausto não pode voar.

MEFISTÓFELES
Devo enfeitiçá-lo para distrair sua mente.

[Sai Mefistófeles e retorna com demônios que presenteiam Fausto com coroas e ricas vestes. A seguir dançam, depois saem de cena.]

FAUSTO
Diga, Mefistófeles! Para que foi este espetáculo?

MEFISTÓFELES
Para nada, Fausto. Quis apenas deliciá-lo e lhe mostrar o que a magia pode fazer.

FAUSTO
Mas posso invocar os espíritos, sempre que quiser?

MEFISTÓFELES
Certamente, Fausto, e fazer ainda outras coisas mais grandiosas.

FAUSTO
Então, isso é pagamento bastante por mil almas. Aqui, Mefistófeles, tome este pergaminho, um contrato de cessão de corpo e alma, mas condicionado a que você cumpra tudo aquilo que me prometeu.

MEFISTÓFELES
Fausto, juro pelos infernos e por Lúcifer que cumprirei todas as promessas que lhe fiz.

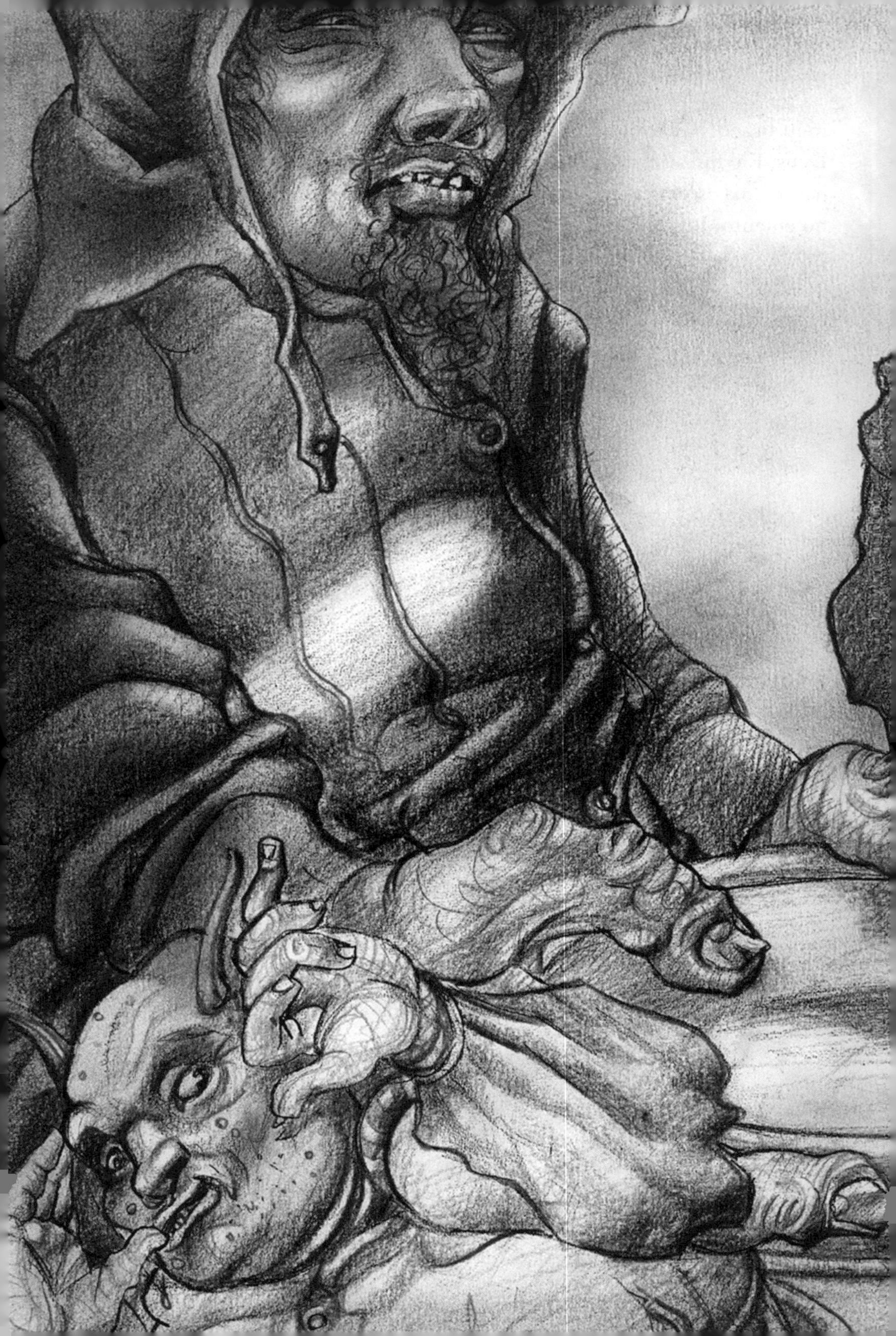

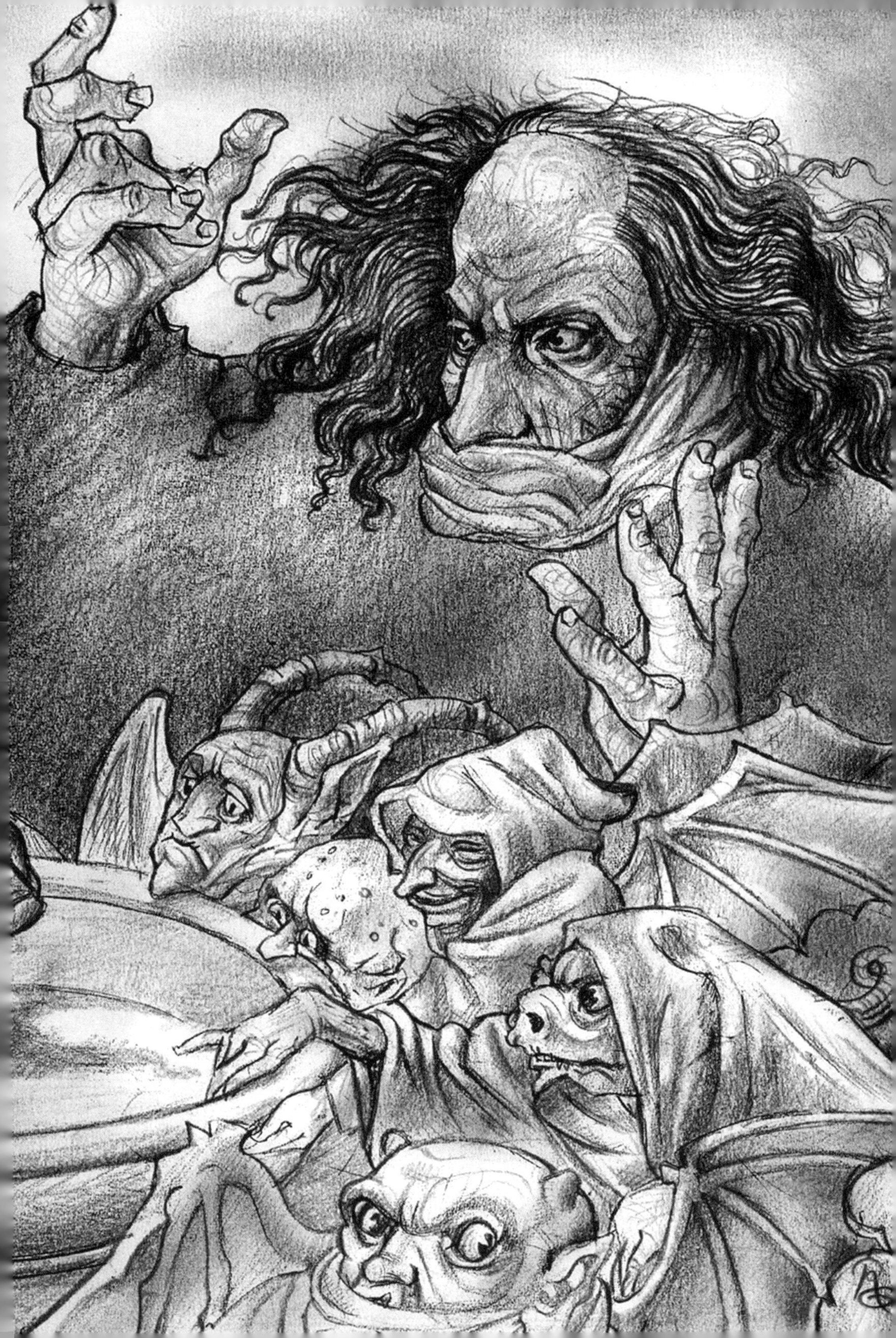

FAUSTO

Então, escute: "Nas condições que se seguem... Primeiro, que Fausto possa se tornar um espírito em forma e substância quando bem quiser fazê-lo. Segundo, que Mefistófeles seja seu servo e se submeta ao seu comando. Terceiro, que Mefistófeles faça o que Fausto lhe ordenar e lhe forneça tudo o que ele lhe pedir. Quarto, que Mefistófeles permaneça invisível em sua casa e em seus aposentos particulares. Quinto e último, que ele surja diante do mencionado Fausto todas as vezes que for requerido e sob a forma que mais agradar-lhe... Eu, Joannes Fausto, de Wittenberg, doutor, pela presente, cedo tanto a minha alma quanto o meu corpo a Lúcifer, Príncipe do Oriente, e a seu ministro, Mefistófeles, e, além disso, lhes asseguro, expirados 24 anos de prazo, sendo os artigos acima invioláveis, total direito de se apossar de Joannes Fausto, supracitado, ou de carregá-lo consigo, de corpo e alma, carne e sangue, e bens, para sua morada, seja onde for esta. *Joannes Fausto*."

MEFISTÓFELES

Diga, Fausto, você reconhece este documento que manifesta sua vontade?

FAUSTO

[Entregando o documento.] Sim, leve-o, e que o demônio faça bom proveito.

MEFISTÓFELES

Agora, Fausto, peça o que quiser.

FAUSTO

Primeiro, quero lhe fazer perguntas sobre o inferno. Diga-me, onde é o lugar que os homens chamam de inferno?

MEFISTÓFELES

Debaixo dos céus.

FAUSTO
Sim, certamente, mas onde?

MEFISTÓFELES
No âmago dos elementos, onde somos torturados para toda a eternidade. Ali permaneceremos para sempre. O inferno não tem limites nem bordas, nem está circunscrito a um único lugar, já que, onde quer que estejamos, lá será o inferno, e onde for o inferno lá estaremos para sempre. E, para concluir, quando todos os mundos se dissolverem e todas as criaturas forem purificadas, todos os lugares que não forem os céus serão o inferno.

FAUSTO
Ora, vamos, penso que o inferno é uma fábula.

MEFISTÓFELES
Ah, continue a pensar assim até que a experiência mude suas crenças.

FAUSTO
Ora, você acha que Fausto será condenado à danação eterna?

MEFISTÓFELES
Como não? Aqui está o pergaminho no qual você concede a sua alma a Lúcifer.

FAUSTO
Sim, e meu corpo também, mas e daí? Acha mesmo que Fausto é tão ingênuo a ponto de acreditar que, depois desta vida, ainda haverá sofrimentos? Besteira, superstições e historinhas de viúvas velhas.

MEFISTÓFELES
Mas, Fausto, eu sou a prova do contrário do que você diz. Eu próprio fui condenado e estou agora no inferno.

FAUSTO

Como? Agora, no inferno? Não, se isto é o inferno, de boa vontade ficarei nele. Por que não? Para andar, comer, dormir, disputar argumentações, por que não? Mas deixemos isso de lado. Quero que me arranje uma esposa, a mais linda donzela das terras germânicas, porque sou imoderado e lascivo, e não posso viver sem uma mulher.

MEFISTÓFELES

Como? Uma esposa? Suplico a você, Fausto, que não peça para ter uma esposa.

FAUSTO

Ora, dócil Mefistófeles, sim. É o que desejo, uma esposa.

MEFISTÓFELES

Bem, se é assim, basta aguardar um pouco aqui e lhe trarei o que você quer. Meus encantamentos vão lhe trazer uma esposa em nome do demônio.

[Sai Mefistófeles e volta pouco depois com um demônio vestido como uma mulher, em meio a labaredas.]

MEFISTÓFELES

Então, Fausto, gostou de sua esposa?

FAUSTO

Maldita seja essa prostituta fogosa.

[Sai o demônio.]

MEFISTÓFELES

Ora, Fausto, o casamento não é senão uma brincadeira transformada em cerimônia. Se realmente me ama, não pense mais nisso. Vou trazer para você as mais lindas cortesãs e as deixarei na sua cama toda manhã.

Aquela de quem seus olhos se agradarem, seu coração a terá. Seja ela casta como Penélope,[20] devassa como a rainha de Sabá[21] ou mesmo tão bela e reluzente como Lúcifer, antes de sua queda. [Entrega-lhe um livro.] Aqui, tome este livro, leia-o com toda a atenção. A interação dessas linhas lhe trará ouro. As bordas desse círculo no fundo trarão redemoinhos, tempestades, trovões e relâmpagos. Pronuncie três vezes, devotadamente, estas palavras para si mesmo, e homens com suas armaduras lhe surgirão, prontos para executar todos os seus desejos.

FAUSTO

Obrigado, Mefistófeles. Se bem que preferia um livro no qual pudesse aprender encantamentos e feitiços para poder invocar os espíritos à minha vontade.

MEFISTÓFELES

Estão todos neste livro. Aqui... nesta página. [Vira as páginas até se deter numa delas.]

FAUSTO

Agora, gostaria de ter um livro onde possa ver todos os signos e astros dos céus, de modo a sempre ser capaz de determinar sua localização e movimento.

MEFISTÓFELES

Tudo isso também está aqui. [Vira outra página.]

FAUSTO

Agora, ainda desejo mais um livro, e então terei terminado meus pedidos por enquanto. Quero um volume onde estejam contidos os segredos de todas as ervas, plantas e árvores que crescem sobre a terra.

---

20 A esposa de Ulisses, que aguardou por vinte anos a volta do marido da Guerra de Troia, mantendo-se fiel.

21 A rainha árabe (provavelmente do que hoje é chamado de Iêmen) que, na Bíblia, fascinou Salomão com sua inteligência e beleza.

MEFISTÓFELES
Aqui está o que você me pediu. [Vira outra página.]

FAUSTO
Ah, mas tudo neste único livro? Você está me enganando.

MEFISTÓFELES
Ora, garanto a você que este livro contém tudo o que lhe digo.

ATO II, CENA 2

[Entra Robin, agora como cavalariço, com um livro nas mãos.]

ROBIN
Mas que coisa admirável! Roubei um dos livros de conjuração do Doutor Fausto e, por minha fé, vou aprender uns encantamentos que possa usar. Vou fazer todas as donzelas da paróquia dançarem diante de mim completamente nuas e, pelos mesmos recursos, então, verei mais coisas e farei mais do que já fiz na minha vida inteira.

[Entra Rafe, chamando Robin.]

RAFE
Robin, por piedade, há um cavaleiro exigindo seu cavalo. E ele quer também seus apetrechos bem esfregados e, depois, limpos, e está reclamando e vociferando tanto, que minha patroa me mandou procurar você. Por piedade, venha.

ROBIN
Afaste-se, afaste-se ou você vai ser explodido! Você será desmembrado, Rafe! Deixe-me em paz, porque tenho um importante serviço a fazer.

RAFE
Ora, vamos, para que está com esse livro? Você não sabe ler.

ROBIN
Bem, meu amo e minha ama descobrirão que eu sei ler. Ele, pelo que tem na testa, e ela, pelo que guarda na intimidade. Ela nasceu para me acariciar, senão minha arte não teria sentido.

RAFE

Ora, Robin, que livro é esse?

ROBIN

Que livro? Ora, trata-se do mais amaldiçoado dos livros de conjurações jamais escrito pelos demônios do enxofre.

RAFE

E com ele você poderá conjurar?

ROBIN

Facilmente! E a primeira coisa que vou fazer é ficar bêbado de tanto beber vinho, do melhor, e perfumado com as mais ricas especiarias. Isso, de graça, e na taverna que eu bem entender, seja onde for em toda a Europa. Essa será uma de minhas conjurações!

RAFE

Nosso vigário diria que isso não é nada.

ROBIN

É verdade, Rafe. Só que há mais! Se você tiver desejos por Nan Spit, a criada da nossa cozinha, poderá enfeitiçá-la e fazer dela o que bem quiser, à meia-noite.

RAFE

Ó grande Robin, você me dará mesmo a Nan Spit? E poderei fazer o que quiser com ela? Se assim for, alimentarei o demônio com o melhor farelo e sem cobrar nada.

ROBIN

Chega, meu companheiro. Vamos! Temos de nos preparar para fazer nosso feitiço em nome do demônio.

[Saem.]

ATO II, CENA 3

[Fausto entra em seu gabinete de estudos, acompanhado de Mefistófeles.]

FAUSTO
Quando contemplo os céus, então me arrependo e amaldiçoo você, perverso Mefistófeles, porque me privou da alegria eterna.

MEFISTÓFELES
Ora, Fausto, então acredita que os céus sejam coisa tão gloriosa? Posso lhe dizer que não é nem metade do que você ou qualquer homem que respira sobre a Terra imaginam.

FAUSTO
E que provas me dá disso?

MEFISTÓFELES
Os céus foram feitos para os homens; portanto, os homens são superiores aos céus.

FAUSTO
Se foram feitos para os homens, foram feitos então para mim. Renuncio aqui e agora à magia e me arrependo do que fiz.

[Entram o Anjo do Bem e o Anjo do Mal.]

ANJO DO BEM
Fausto, arrependa-se, Deus terá piedade de você.

ANJO DO MAL

Você é um espírito, Deus não pode ter piedade de você.

FAUSTO

Quem sussurra em meus ouvidos que sou um espírito? Mesmo que eu fosse um demônio, Deus teria piedade de mim. Ah, Deus terá piedade de mim se eu me arrepender do que fiz.

ANJO DO MAL

Ah, mas Fausto jamais se arrependerá.

[Saem os anjos.]

FAUSTO

Meu coração está tão endurecido que já não sou capaz de me arrepender. Mal posso pronunciar palavras como salvação, fé, paraíso; que aterrorizantes ecos retumbam em meus ouvidos: *Fausto, você está condenado*. Então, espadas, punhais, venenos, canhões, cordas de enforcamento e aço envenenado surgem diante de mim para que eu me mate. E há muito teria acabado com a minha vida se o doce prazer não tivesse triunfado sobre o mais profundo desespero. Já não tive o cego Homero[22] para cantar para mim sobre o amor de Páris e a morte de Enone?[23] E não escutei aquele que ergueu as muralhas de Tebas[24] com o som fascinante de sua melodiosa harpa tocando junto com meu Mefistófeles? Por que então eu deveria morrer ou me afundar no desespero? Já resolvi que Fausto jamais se arrependerá. Venha, Mefistófeles, vamos travar outra discussão sobre a divina astronomia. Diga-me, há muitas esferas acima da Lua? Todos os

---

[22] Homero viveu em período desconhecido, talvez entre os séculos IX e VII a.C. Autor dos grandes poemas épicos da antiguidade grega, *Ilíada* e *Odisseia*, respectivamente sobre a Guerra de Troia e a longa volta de Ulisses para seu lar, a ilha de Ítaca, depois da guerra.
[23] Páris fora noivo de Enone, antes de apaixonar-se por Helena e raptá-la, o que deu origem à Guerra de Troia. Enone se mata, atirando-se na mesma pira que queima o corpo de Páris, o qual fora morto em combate.
[24] Anfíon, com a música de sua lira, fez as pedras trazidas por seu irmão gêmeo Zeto se agruparem e erguerem as muralhas em volta da cidade de Tebas.

corpos celestiais são mesmo nada mais do que um único globo, assim como estão dispostos de modo concêntrico os elementos que são a substância da Terra?[25]

MEFISTÓFELES

Da mesma forma que os elementos contêm uns aos outros, as esferas estão em arranjo concêntrico. Todas se movem conjuntamente, em torno de um eixo comum, conhecido como o polo mais largo do mundo. Nem são falsos os assim chamados Saturno, Marte e Júpiter, que são astros errantes.

FAUSTO

Mas, diga-me, eles possuem um único movimento, tanto na mesma direção quanto simultâneo?

MEFISTÓFELES

Todos se movem conjuntamente de Leste para Oeste, num período de 24 horas em torno dos polos do mundo, mas diferem em seu movimento em relação aos polos do zodíaco.

FAUSTO

Ora, guarde essas revelações sem valor para Wagner. Será que Mefistófeles não tem conhecimentos mais apurados? Quem desconhece o duplo movimento dos planetas? O primeiro termina com o dia natural. O segundo, no caso de Saturno, em trinta anos. No de Júpiter, em doze. No de Marte, em quatro. No do Sol, de Vênus e de Mercúrio, em um ano. No da Lua, em vinte e oito dias. Mas isso não passa de suposições de iniciantes. Diga-me, cada esfera tem autonomia e inteligência?[26]

---

[25] Aqui são mencionados conceitos da cosmologia geocêntrica, a qual concebia a Terra, fixa, como o centro do Universo; este, por sua vez, distribuído em esferas concêntricas.
[26] Era, na época, bastante disseminada a crença de que os planetas e os astros moviam-se por vontade própria ou graças à inteligência e à vontade de anjos.

MEFISTÓFELES
Sim.

FAUSTO
E quantas esferas ou céus existem?

MEFISTÓFELES
Nove. Os sete planetas, o firmamento e o Paraíso.

FAUSTO
Bem, tire então esta minha dúvida: por que não temos conjunções, oposições, fases, eclipses, todos ao mesmo tempo, mas estes acontecem mais em alguns anos e menos em outros?

MEFISTÓFELES
Por movimentos desiguais em relação ao todo.

FAUSTO
Bem, considero-me satisfeito. Agora me diga quem criou o mundo?

MEFISTÓFELES
Não o direi.

FAUSTO
Dócil Mefistófeles, obedeça-me.

MEFISTÓFELES
Não me force, não vou pronunciar esse nome.

FAUSTO
Desgraçado, não tive a sua promessa de que me diria tudo o que eu quisesse?

MEFISTÓFELES

E tal juramento não foi contrário ao nosso reino, mas essa resposta seria. Pense apenas que você já está no inferno, porque já está condenado. É tudo o que pode esperar, Fausto!

FAUSTO

Então, Fausto, volte o seu pensamento para Deus, que criou o mundo.

MEFISTÓFELES

Cuidado com o que diz, Fausto.

[Mefistófeles sai.]

FAUSTO

Sim, vá embora, espírito amaldiçoado! Vá para o seu inferno imundo! Foi você quem pôs a perder a minha pobre alma. Não será tarde demais?

[Entram o Anjo do Mal e o Anjo do Bem.]

ANJO DO MAL

É tarde demais.

ANJO DO BEM

Nunca será tarde demais se Fausto se arrepender.

ANJO DO MAL

Se você se arrepender, os demônios o farão em pedaços.

ANJO DO BEM

Arrependa-se e eles não poderão sequer arranhar sua pele.

[Saem os anjos.]

FAUSTO
Ó Cristo, meu Redentor. Venha salvar a atormentada alma de Fausto.

[Entram Lúcifer, Belzebu e Mefistófeles.]

LÚCIFER
Cristo não poderá salvá-lo, porque Ele é justo. Ninguém, além de mim, tem direito à sua alma.

FAUSTO
Oh, quem é você, de aparência tão terrível?

LÚCIFER
Sou Lúcifer, e estes são os príncipes que me acompanham no inferno.

FAUSTO
Não, eles vieram arrebatar a minha alma.

LÚCIFER
Viemos lhe dizer que você nos ofendeu gravemente, contrariando o seu juramento ao invocar Cristo. Você não deve mais pensar em Deus… pense somente no demônio.

FAUSTO
Daqui para a frente, juro que não olharei mais para os céus. Perdoe-me. Nunca mais chamarei por Deus nem rezarei a Ele. Juro queimar as Escrituras, chacinar seus sacerdotes e fazer com que os meus espíritos destruam suas igrejas.

LÚCIFER
Faça isso e será muito bem recompensado. Fausto, viemos do inferno para mostrar a você uma parte do passado. Sente-se e poderá ver os Sete Pecados Mortais aparecerem na sua forma natural.

FAUSTO
Esta visão me agradará tanto quanto o Paraíso agradou a Adão. No primeiro dia da Criação.

LÚCIFER
Não me fale nem do Paraíso nem da Criação, mas veja bem o que vou lhe mostrar. Fale apenas no demônio, em nada mais. [Grita para os bastidores:] Venham imediatamente!

[Entram os Sete Pecados Mortais. Fausto e os demais sentam-se.]

LÚCIFER
Fausto, examine-os bem, tanto os seus nomes quanto os seus atributos.

FAUSTO
Quem é você que se apresenta em primeiro lugar?

SOBERBA
Sou a Soberba e desprezo os pais que tive. Sou como a pulga de Ovídio,[27] posso penetrar qualquer dobra do corpo de uma mulher. Por vezes, como se fosse uma peruca, eu me coloco em sua sobrancelha, ou como um leque de plumas beijo seus lábios. Faço tudo isso, de fato. Há algo de que eu não seja capaz? Mas... que vergonha! Como este lugar cheira mal! Cerrarei minha boca até que o assoalho seja perfumado e coberto com os mais finos tecidos.

FAUSTO
Agora, o segundo.

GANÂNCIA
Sou a Ganância, parida no bolso de um agiota. E se meu desejo pudesse ser atendido, gostaria que esta casa e todos os que a habitam se trans-

---

[27] Trata-se de um poema medieval, *Canção da Pulga*, erroneamente atribuído a Ovídio, em que o poeta inveja a capacidade da pulga de percorrer livremente o corpo de uma mulher.

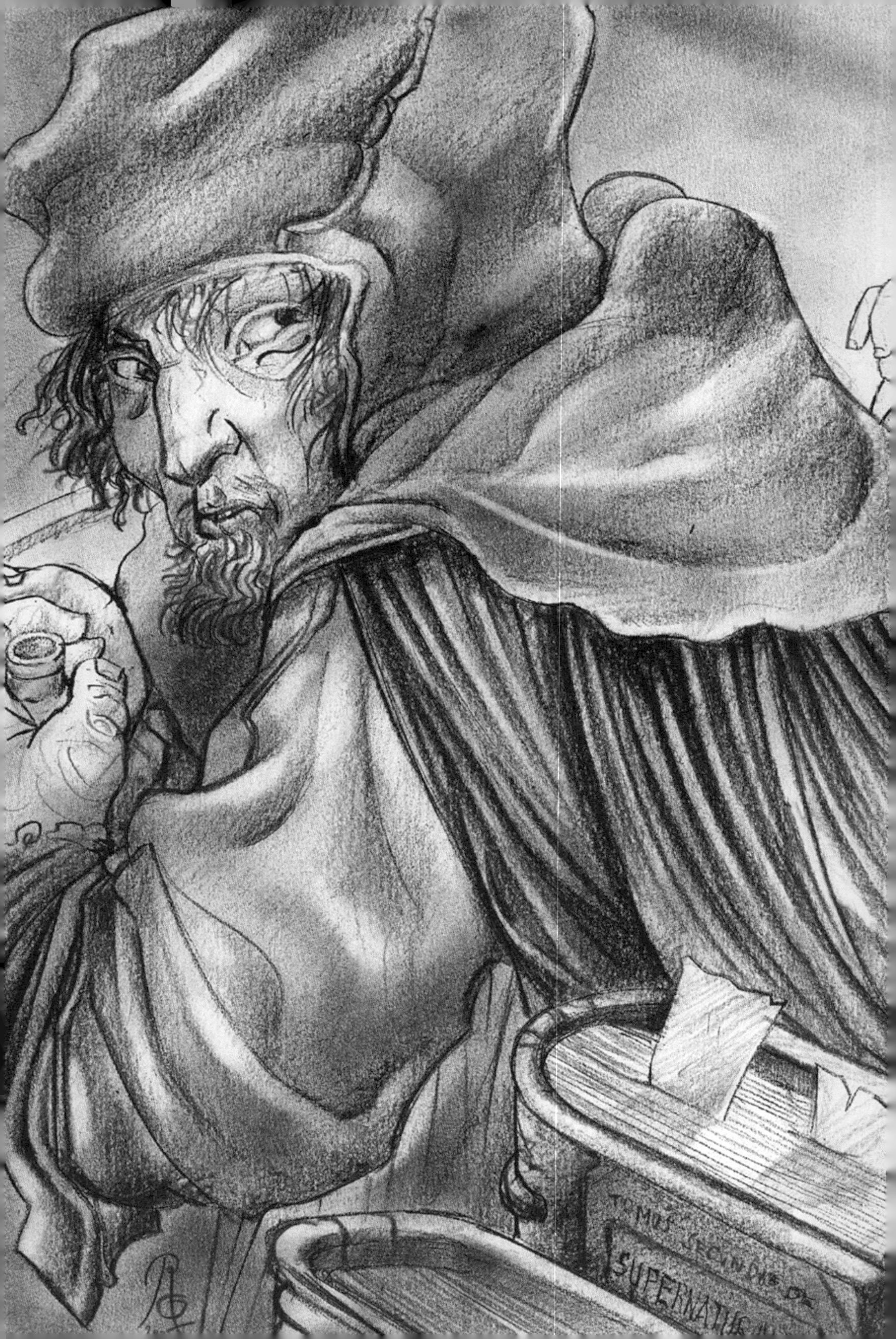
TOMUS SECUNDUS DE

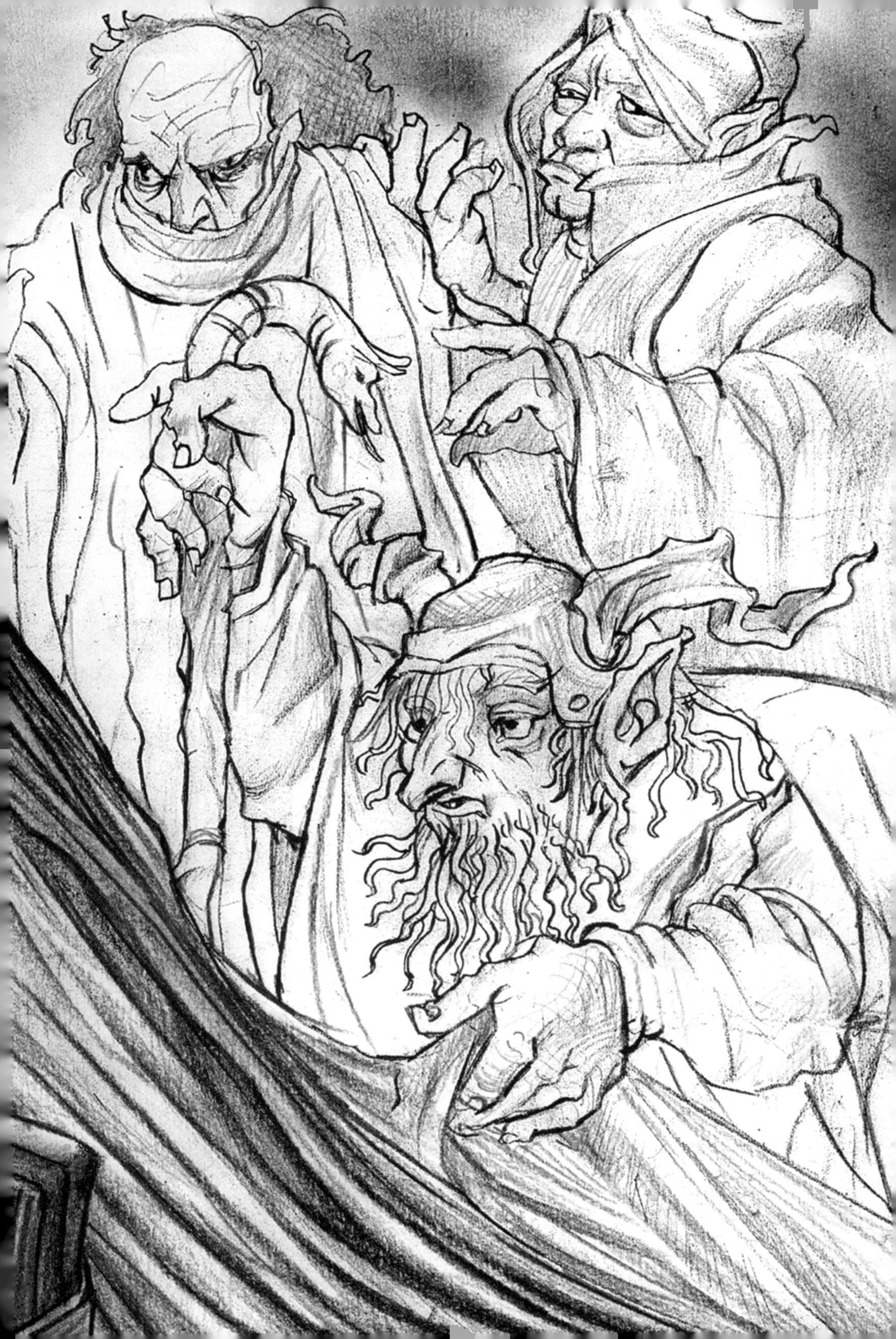

formassem em ouro que eu pudesse enfiar em meu cofre! Ah, ouro, doce ouro!

FAUSTO

O terceiro, agora.

IRA

Sou a Ira, não tenho pai nem mãe. Surgi da bocarra de um leão quando tinha menos de uma hora de vida, e desde então tenho percorrido o mundo com minhas espadas, ferindo a mim mesma quando não disponho de ninguém contra quem lutar. Nasci no inferno, mas cuidado: algum de vocês aqui pode ser meu pai.

FAUSTO

O próximo!

INVEJA

Sou a Inveja, concebida, em meio a fedores, de um limpador de chaminés e de uma ostra fêmea. Não sei ler e, portanto, gostaria que todos os livros fossem queimados. Tanto mais emagreço quanto mais vejo os outros comerem. Ah, gostaria que a fome se espalhasse pelo mundo para que todos morressem e apenas eu continuasse vivendo. Então, vocês veriam o quanto eu iria engordar. Mas, por que devo ficar de pé, enquanto vocês estão sentados? Por vingança, quero que todos tombem de suas cadeiras.

FAUSTO

Fora daqui, tratante. Quem vem agora?

GULA

Quem mais, meu senhor? Sou a Gula. Meus pais estão mortos e, para minha desgraça, não me deixaram senão uma magra pensão, que dá para trinta refeições por dia e dez canecas de cerveja, e isso serve apenas para enganar a natureza. Ah, venho de uma família real. Meu pai era um belo presunto; minha avó, um barril de clarete. E meus padrinhos eram

Pedro Arenque Picante e Matias Carne-Seca. Ah, mas minha madrinha era uma gentil dama, bem-amada em todos os melhores vilarejos e cidades, e seu nome era Margarida Cerveja-de-Março. Agora, Fausto, que já escutou toda a minha progenitura, que tal me servir o jantar?

FAUSTO

Vou lhe servir é uma corda para você ser enforcada antes que devore todas as provisões da minha despensa.

GULA

Então, que o demônio lhe dê uma indigestão mortal.

FAUSTO

Isso desejo eu a você. O seguinte!

PREGUIÇA

Sou a Preguiça. Fui parida num banco de rua banhado de sol, onde tenho permanecido deitada desde então, e você me causou grande mal tirando-me de lá. Permita que a Gula e a Luxúria me carreguem de volta para o meu lugar. Nem mais uma palavra direi, mesmo que em troca de um reino.

FAUSTO

E você quem é, Dama Libertina?

LUXÚRIA

Quem sou eu, meu senhor? Sou aquela que ama mais uns poucos centímetros de rija carne crua do que a segurança flácida de uma refeição caseira. E meu nome já diz o que é desde a sua primeira letra… Luxúria.

LÚCIFER

Vão embora, agora! De volta para o inferno!

[Saem os Sete Pecados Mortais.]

LÚCIFER

Então, Fausto, apreciou o espetáculo?

FAUSTO

Ah, sim, coisas como essas fazem bem à alma.

LÚCIFER

Então, veja, Fausto! No inferno, há prazeres de todos os tipos.

FAUSTO

Ah, que eu possa então conhecer o inferno e retornar para cá. Seria tão afortunado se conseguisse satisfazer este desejo!

LÚCIFER

Concedido. Mandarei buscá-lo à meia-noite. [Entregando-lhe um livro.] Nesse meio-tempo, pegue este livro. Estude-o com cuidado e poderá tomar a forma que desejar.

FAUSTO

[Pegando o livro.] Muito obrigado, poderoso Lúcifer. Vou tomar conta dele como se fosse a minha própria vida.

LÚCIFER

Até breve, Fausto, e esteja com o demônio.

FAUSTO

Até breve, grande Lúcifer. Acompanhe-me, Mefistófeles.

[Cada qual vai para o seu lado, saindo de cena.]

ATO III, CORO

[Entra Wagner.]

WAGNER

O instruído Fausto, para conhecer os segredos da astronomia gravados no livro do alto firmamento de Deus, viajou até o topo do Olimpo,[28] transportado numa carruagem flamejante, puxada pela força dos pescoços de uma parelha de dragões. Agora, ele partiu para testar sua cosmografia e, se meu palpite é certo, sua primeira parada será em Roma, para ver o Papa e sua corte e participar dos festins de São Pedro, que são tão celebrados hoje em dia.

[Sai Wagner.]

---

28 Montanha da Grécia (2.911m) na região da Tessália. Na mitologia grega era considerada a morada dos deuses.

ATO III, CENA 1

[Entram Fausto e Mefistófeles.]

FAUSTO
Meu bom Mefistófeles, diga-me, agora: que lugar é este? Você cumpriu minhas ordens, colocando-me dentro dos muros de Roma?

MEFISTÓFELES
Sim, Fausto, foi o que fiz. E não estaremos mal-hospedados aqui, já que tomei os aposentos particulares de Sua Santidade, e nada menos, para o nosso uso.

FAUSTO
Espero que Sua Santidade nos receba bem.

MEFISTÓFELES
Ora, homem! Tanto faz se ele gostar ou não de nossa visita. E agora, meu Fausto, você poderá conhecer as delícias de Roma. Saiba que esta cidade se assenta sobre várias colinas que estão sob as fundações dessas ruas. O rio Tibre corta exatamente o meio da cidade com suas margens batidas pelo vento, nas quais quatro majestosas pontes podem ser vistas. Assim, garante-se trânsito seguro entre as duas metades de Roma. Na chamada Ponte Ângelo, foi erigido um castelo extraordinariamente sólido, e dentro de suas muralhas há um tal número de peças de artilharia, entre elas largos canhões em bronze fundido, que são tantos quanto os dias de um ano completo, além dos portões e das altas pirâmides que Júlio César[29] trouxe do Egito.

---

[29] Gaius Julius Caesar (Caio Júlio César, 100-44 a.C.). Nessa campanha no Egito, conheceu Cleópatra (± 70 a.C. – 30 a.C.), a última rainha do país.

FAUSTO

Ah, sim, pelos portões dos reinos infernais, pelo rio Estige,[30] o Aqueronte e o temível lago, pelo Flegetonte, com sua superfície eternamente flamejante, como desejo ver todos esses monumentos e conhecer o reluzente esplendor de Roma. Vamos a eles, então.

MEFISTÓFELES

Não, Fausto, pare. Sei muito bem que você deseja conhecer o Papa e tomar parte nos festins de São Pedro, nos quais deverá ver uma multidão de frades carecas, cujas riquezas estão acumuladas na barriga.

FAUSTO

Bem, vai me dar satisfação sair à caça de diversão e me alegrar com a festa deles. Então, lança sobre mim um feitiço, de modo que eu possa fazer o que bem entenda em Roma, estando invisível.

MEFISTÓFELES

[Colocando um manto sobre Fausto.] Aqui está, Fausto, agora você pode fazer tudo o que quiser e ninguém vai perceber a sua presença.

[Soa uma sineta, entram o Papa e o Cardeal de Lorraine, no salão de banquetes. Frades estão servindo à mesa.]

PAPA

Meu nobre Lorraine, pode chegar mais perto?

FAUSTO

Sim, atire-se à comida. E que o demônio o esgane, se você contiver sua gula.

---

30 Rio na fronteira entre o mundo dos vivos e os infernos, na mitologia grega, no qual os espíritos dos mortos atravessavam na barca de Caronte. O Aqueronte e o Flegetonte são outros dois rios do Reino dos Mortos, ou o Hades, os infernos.

PAPA
Ora, meu Deus! Quem foi esse que acaba de falar? Frades, procurem por ele!

FRADE
Mas não há mais ninguém aqui, Sua Santidade.

PAPA
[Passando uma travessa.] Meu nobre, aqui está uma fina iguaria que me foi enviada pelo Bispo de Milão.

FAUSTO
Obrigado, meu senhor.

[Fausto pega um pedaço de carne.]

PAPA
Meu Deus, quem arrebatou essa carne de mim? Ninguém viu quem foi? Meu nobre, esta iguaria me foi enviada pelo Cardeal de Florença.

FAUSTO
Muito boa, de verdade. [Ele pega a iguaria.] Vou comê-la também.

PAPA
Como pode? De novo? Meu nobre, bebo em sua honra.

FAUSTO
[Arrebatando a taça.] E eu à sua!

CARDEAL DE LORRAINE
Meu senhor, talvez algum fantasma tenha escapado do Purgatório e tenha vindo pedir o perdão de Sua Santidade.

PAPA
Pode ser isso. Frades, preparem uma missa para aplacar a fúria desse fantasma. Outra vez, meu nobre, vamos comer.

[O Papa persigna-se.]

FAUSTO
Mas por que você faz o sinal-da-cruz? Ora, não use mais esse truque, estou avisando-o.

[O Papa persigna-se outra vez.]

FAUSTO
Ora, de novo? Não faça isso uma terceira vez. Depois, não diga que não avisei.

[O Papa persigna-se outra vez e Fausto lhe aplica um soco no ouvido. Todos fogem correndo.]

FAUSTO
Mefistófeles! O que vai acontecer agora?

MEFISTÓFELES
Creio que seremos amaldiçoados com sinos, livros e velas.

FAUSTO
Como? Os sinos repicarão? A Bíblia será fechada e as velas serão apagadas? Seremos excomungados? E tudo farão para condenar Fausto ao inferno. Logo ouvirão um porco grunhir, um bezerro mugir e uma mula zurrar, porque hoje é Dia de São Pedro.

[Entram os frades, entoando a missa.]

FRADE
Venham todos, meus irmãos queridos, vamos realizar este serviço com grande devoção.

[Os frades cantam:]

Maldito aquele que roubou a carne da mesa de Sua Santidade. *Maledicant Dominus!* Que Deus o amaldiçoe!

Maldito aquele que deu um murro no rosto de Sua Santidade! *Maledicant Dominus!*

Maldito aquele que deu um murro na cabeça de Frade Sandelo. *Maledicant Dominus!*

Maldito aquele que perturba nossa missa sagrada. *Maledicat Dominus!*

Maldito aquele que roubou o vinho de Sua Santidade. *Maledicant Dominus!* E que todos os santos digam *amém!*

[Fausto e Mefistófeles dão uma surra nos frades e disparam labaredas contra eles, que fogem correndo.]

ATO III, CENA 2

[Entram Robin, com o Livro de Conjurações, e Rafe, com uma taça de prata.]

ROBIN
Não lhe disse que estamos feitos na vida, graças a este livro do Doutor Fausto? Eis a prova! Nada mal para simples cavalariços. Nossos cavalos nunca mais comerão feno ordinário, não enquanto isso durar.

[Entra o taberneiro.]

RAFE
Ora, Robin, se não é o nosso taberneiro.

ROBIN
Depressa, vamos enfeitiçá-lo. Taberneiro, espero que nossa conta esteja paga. Deus esteja com você. Vamos, Rafe.

Fazem menção de ir embora.

TABERNEIRO
[Para Robin:] Devagar, meu senhor, uma palavra antes. Antes de partirem, devem devolver a taça que estão carregando e que me pertence.

ROBIN
Uma taça, Rafe? Uma taça? Desafio você, seu grande asno, a me revistar e ver se levo comigo uma de suas taças.

TABERNEIRO
Farei isso, meu senhor, com sua licença.

[O taberneiro revista Robin.]

ROBIN
E agora, o que me diz?

TABERNEIRO
Devo fazer a mesma coisa em relação ao seu companheiro, meu senhor.

RAFE
Eu? Quer me revistar também? Esteja à vontade!

[Rafe entrega a taça a Robin antes que o taberneiro o reviste.]

RAFE
Está vendo, meu senhor? Devia se envergonhar de acusar falsamente dois homens honestos.

TABERNEIRO
Bem, um de vocês dois tem de estar com a minha taça escondida.

ROBIN
[Segurando a taça bem à vista.] Você mente, taberneiro. [Para a plateia:] O idiota não pode ver que a taça está bem *aqui*. [Para o taberneiro:] Meu rapaz, vou ensinar você a não mais perturbar homens honestos. Fique aí mesmo, bem parado. Vou castigar você em nome de Belzebu. [Atirando a taça para Rafe.] Pegue a taça, Rafe.

TABERNEIRO
O que vai fazer, rapaz?

ROBIN

Você já vai descobrir. [Lê:] *"Sanctobulorim Periphrasticon!"* Não, não... Vou lhe aplicar umas cócegas, taberneiro. Cuide da taça, Rafe. *"Polyragmos Belseboramus framanto pacostiphos Mephistopheles!"* etc. etc...

[Entra Mefistófeles, o taberneiro foge correndo.]

MEFISTÓFELES

Monarca dos Infernos, sob cuja sombra negra grandes potentados caem de joelhos, aterrorizados. Aquele em cujos altares tantas almas sucumbem, como estou envergonhado por conta desses feitiços tão vis! De Constantinopla tive de vir até aqui somente para propiciar prazer a esses escravos amaldiçoados.

ROBIN

Como? De Constantinopla? Ora, mas que viagem, hein? Tomara que tenha se lembrado de trazer umas moedas em sua bolsa para pagar seu jantar, antes de retornar.

MEFISTÓFELES

Bem, pobres coitados, por sua presunção, transformo você [Para Robin:] num macaco e você [Para Rafe:] num cão. Podem ir agora!

[Sai Mefistófeles. Deixa Robin e Rafe transformados num macaco e num cachorro, respectivamente.]

ROBIN

Como? Num macaco? Nada mal! Vou me divertir muito com os rapazes. E vou ganhar muitas nozes e maçãs.

RAFE

E eu virei um cachorro!

ROBIN
Por minha fé, creio que sua cabeça nunca vai se levantar da tigela de ração.

[Saem ambos.]

ATO IV, CORO

[Entra o coro.]

CORO

Quando Fausto se fartou dos prazeres de conhecer coisas raras e as cortes dos reis, encerrou sua viagem e retornou para seu lar, onde aqueles que lamentavam a sua ausência — seus amigos e companheiros mais próximos — saudaram com gentis palavras sua volta em perfeita segurança. E, conversando sobre tudo o que tinha lhe acontecido, concernente à sua jornada pelo mundo e pelos céus, lhe propuseram questões de astrologia que Fausto respondeu com tamanho desembaraço que todos se admiraram com seu saber. Agora, sua fama alcançou todas as terras nas quais reina somente um imperador, Carlos V.[31] E é no palácio desse rei, agora, que Fausto é festejado, distinguido entre os nobres de sua corte. E o que mais ele fez para demonstrar suas artes não lhes digo agora, porque seus próprios olhos testemunharão.

---

31 Carlos V, Imperador do Sacro Império Romano, e também Carlos I da Espanha (1500-1558).

ATO IV, CENA 1

[Entram Carlos V, Fausto, Mefistófeles e um cavaleiro com os servos.]

CARLOS V
Mestre Fausto, escutei estranhas notícias sobre seus conhecimentos em artes negras e de como nenhum homem em meu império, nem no mundo inteiro, pode se comparar a você na manipulação da magia. Dizem que você possui um espírito que o acompanha e lhe obedece em tudo. Portanto, aqui está o que quero de você: que me deixe testemunhar alguma prova de sua habilidade, que meus olhos possam confirmar aquilo que escutaram meus ouvidos. E juro, aqui e agora, pela honra de minha coroa imperial, que o que venha a fazer não reverterá em seu prejuízo nem dano.

CAVALEIRO
[À parte.] Por minha fé, ele parece mesmo um feiticeiro.

FAUSTO
Meu gracioso soberano, embora deva me confessar muito inferior aos boatos que possa ter escutado a meu respeito, e de modo algum digo da honra que Vossa Majestade me oferece, ainda assim, por amor ao senhor e por meu dever de obediência, ficarei satisfeito em realizar o que quer que Vossa Majestade me ordene.

CARLOS V
Então, Mestre Fausto, guarde bem minhas palavras. Certa vez, na solidão de meus aposentos, muitos pensamentos me ocorreram acerca da honra de meus ancestrais — como conquistaram tanto poderio militar,

como acumularam tantas riquezas, como submeteram tantos reinos —, a ponto de nós que os sucedemos ou aqueles que herdarão nosso trono, assim temo eu, jamais podermos nos equivaler a eles em fama e autoridade. Veja, por exemplo, entre esses reis de que falo está Alexandre, o Grande,[32] exemplo máximo de excelência em todo o mundo. O brilho de seus feitos gloriosos ilumina o mundo com seus raios cintilantes — e tanto que, quando ouço uma simples menção ao seu nome, entristece a minha alma que jamais o tenha conhecido. No entanto, se você, pelos ardis de sua arte, for capaz de fazer erguer-se o seu espírito dos imensos vazios do mundo inferior, onde jaz sepultado esse grande conquistador, trazendo com ele sua belíssima amante, Roxana, ambos em sua forma original, com seus gestos e as vestimentas que usavam na época em que viviam, irá tanto satisfazer ao meu desejo quanto me levar a louvar o seu nome enquanto eu viver.

FAUSTO

Meu gracioso senhor, estou pronto a atender ao seu pedido, já que tanto pela minha arte quanto pelo poder do espírito que me serve posso realizar essa façanha.

CAVALEIRO

[À parte.] Ora, isso não seria nada demais, ou seria?

FAUSTO

Mas devo dizer a Vossa Majestade que não está em meu poder apresentar diante de vossos olhos o corpo material desses dois príncipes falecidos que há muito já foram consumidos e transformados em pó...

CAVALEIRO

[À parte.] Ora, até que não falta graça a este Mestre Fausto, ao confessar que é um farsante.

---

32 Alexandre, o Grande, da Macedônia (356-323 a.C.).

FAUSTO

... Mas posso, sim, lhe trazer os espíritos de ambos que surgirão em aparência como Alexandre e sua Roxana, no primor de sua beleza. E duvido que isso não seja o suficiente para satisfazer Vossa Graça.

CARLOS V

Prossiga, Mestre Fausto, deixe, então, que eu os veja.

CAVALEIRO

Escutou, Mestre Fausto? Você trará a este salão, diante do Imperador, Alexandre e sua amante?

FAUSTO

Como não, senhor?

CAVALEIRO

Por minha fé que isso é tão verdade quanto Diana[33] ter me transformado num cervo.

FAUSTO

Se isso não aconteceu, meu senhor, com certeza, quando Acteon[34] morreu, deixou para você os chifres dele. [À parte.] Mefistófeles, sabe o que tem a fazer. Vá!

[Sai Mefistófeles.]

CAVALEIRO

[Saindo.] Se vocês vão realizar feitiçarias, permitam-me que saia daqui.

---

[33] Diana, para os romanos — Ártemis, para os gregos —, era a deusa da caça e das florestas virgens.
[34] Acteon era um caçador que surpreendeu a deusa Diana, despida, banhando-se. A deusa, como castigo, transformou-o em cervo, que foi morto pelos cães de caça do próprio Acteon.

FAUSTO

[À parte.] Depois acertaremos as contas, meu caro, e vai aprender a não fazer pouco de mim. [Para Carlos V:] Ei-los, Majestade.

[Entra Mefistófeles, acompanhado de Alexandre e Roxana.]

CARLOS V

Mestre Fausto, escutei dizer que essa senhora tinha uma verruga em seu pescoço. Como posso descobrir se isso é verdade?

FAUSTO

Fique à vontade para verificar pessoalmente, Vossa Alteza!

[O imperador examina Roxana e, a seguir, ela e Alexandre saem.]

CARLOS V

Sem dúvida, não eram estes apenas espíritos, mas os corpos materiais dos dois príncipes falecidos.

FAUSTO

Poderia agora Vossa Graça mandar chamar o cavaleiro que foi tão amável comigo há poucos instantes?

[Sai um servo; então, entra de volta acompanhado pelo cavaleiro, que agora ostenta um par de chifres.]

CARLOS V

O que me diz agora, nobre cavaleiro? Ora, pensei que você fosse solteiro, mas vejo que tem uma esposa que não apenas lhe dá chifres de presente como o obriga a usá-los. Já viu como está a sua cabeça, agora?

CAVALEIRO

[Para Fausto:] Seu cão miserável! Maldito! Criatura gerada nalgum antro misterioso das rochas! Como se atreve a maltratar um cavaleiro? Vamos, canalha, desfaça o seu feitiço imediatamente!

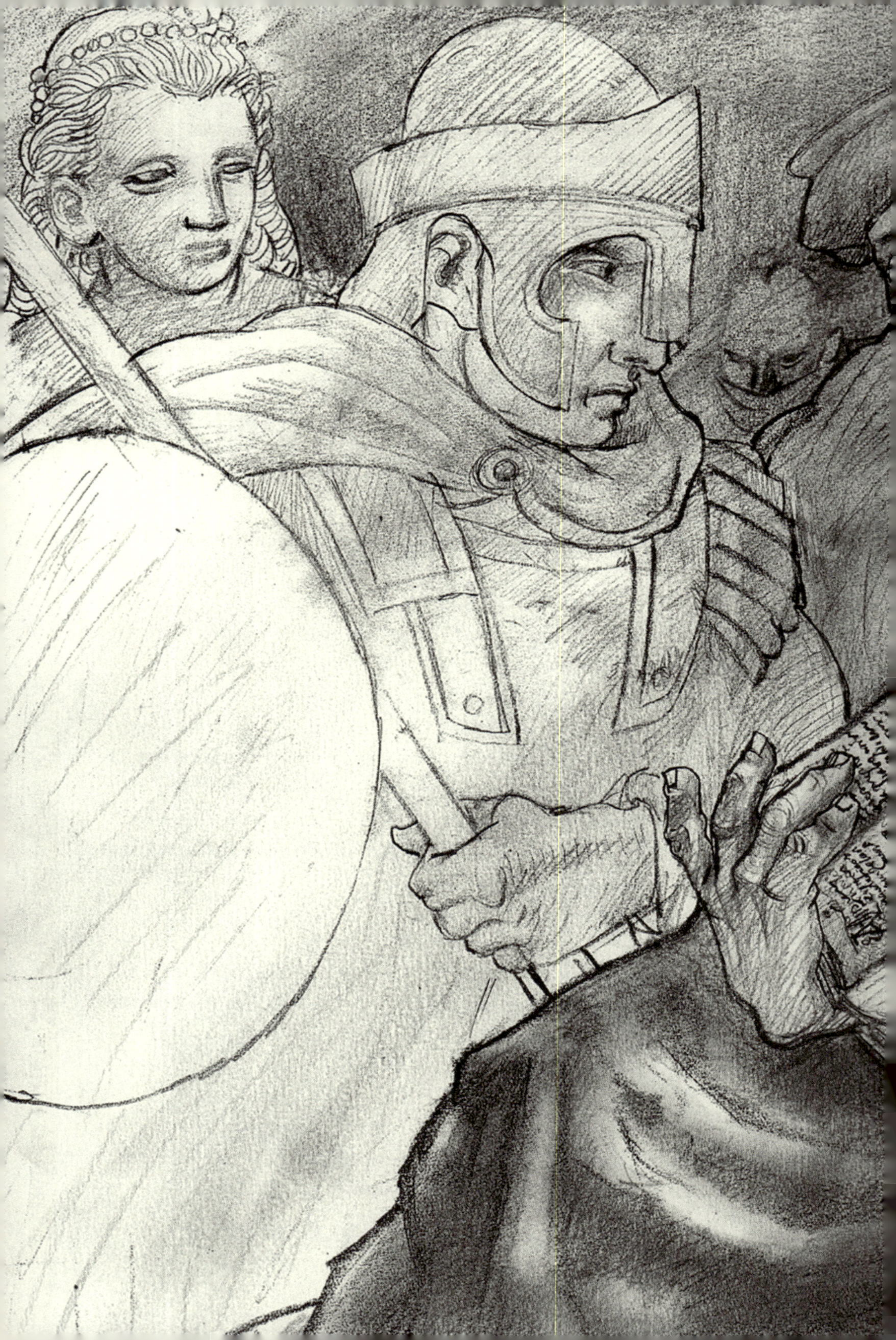

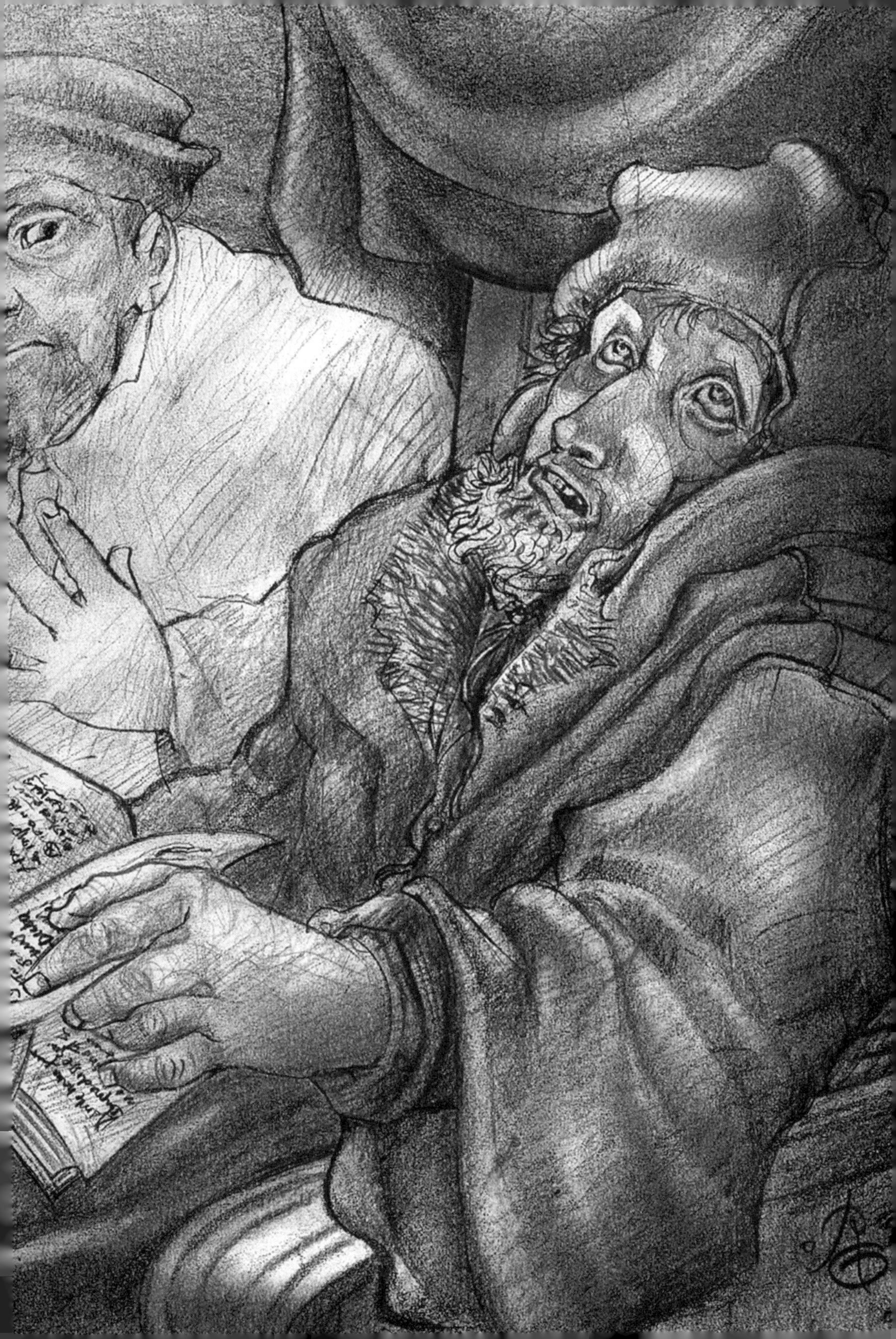

FAUSTO

Ora, para que a pressa, meu senhor? Lembra-se de ter me interrompido enquanto eu conversava com o imperador? Creio que aprendeu uma lição.

CARLOS V

Bom Mestre Fausto, eu lhe peço, desfaça o feitiço. Ele já teve o castigo que merecia.

FAUSTO

Meu gracioso lorde, não tanto como vingança pelos insultos que me dirigiu, mas acima de tudo para deliciar Vossa Majestade com algum divertimento, Fausto decidiu punir esse grosseiro cavaleiro. Sendo somente o que eu desejava, ficarei contente de livrá-lo de seus chifres... e, caro Cavaleiro, de agora em diante procure respeitar os estudiosos. [À parte para Mefistófeles:] Mefistófeles, faça-o voltar ao normal. [Para Carlos V:] Agora, meu bom senhor, tendo cumprido minha obrigação aqui, humildemente peço que me dispense.

CARLOS V

Adeus, Mestre Fausto, mas, antes de partir, pode esperar receber de mim uma bela recompensa.

[Saem o imperador, o cavaleiro, agora sem os chifres, e os servos.]

FAUSTO

Agora, Mefistófeles, o incansável caminhar do tempo, com seus pés serenos e silenciosos, diminuindo meus dias e consumindo o fio da minha vida, clama pelo pagamento por esses últimos anos que tenho recentemente vivido. É hora de retornarmos para Wittenberg.

MEFISTÓFELES

Quer ir a cavalo ou a pé, Fausto?

FAUSTO
Pelo menos enquanto houver esses campos tão cheios de vida, eu seguirei a pé.

[Entra o comerciante de cavalos.]

COMERCIANTE DE CAVALOS
Estive o dia inteiro procurando um tal Mestre *Fusto*. E, graças, aqui está ele! Deus o guarde, Mestre.

FAUSTO
Ora, o comerciante de cavalos! Chegou em boa hora.

COMERCIANTE DE CAVALOS
Bem, meu senhor, trouxe quarenta moedas para comprar o seu cavalo.

[Ele oferece o dinheiro a Fausto.]

FAUSTO
Não posso vendê-lo por essa quantia. Se quiser, é seu por cinquenta moedas.

COMERCIANTE DE CAVALOS
Ai de mim, meu senhor, não tenho mais dinheiro. [Para Mefistófeles:] Rogo a você que fale em meu favor.

MEFISTÓFELES
Rogo a você que o deixe ficar com esse tal cavalo. Trata-se de um homem honesto e trabalhador.

FAUSTO
Bem, vamos lá, então. Me dê esse seu dinheiro [Aceitando.] Meu servo lhe entregará o cavalo. Mas, antes de entregá-lo, devo avisá-lo de uma coisa. Em nenhuma circunstância monte-o para atravessar a água.

COMERCIANTE DE CAVALOS

Por quê, meu senhor? Ele, então, não é útil em todas as situações?

FAUSTO

Ah, sim, é. Mas não atravesse a água com ele. Você poderá montá-lo para saltar sobre sebes e fossos, se quiser, mas nunca para atravessar a água.

COMERCIANTE DE CAVALOS

Entendido, meu senhor. [À parte.] Agora, estou feito na vida. Eu não venderei este meu cavalo por quarenta moedas. Se ele for tão bom quanto parece, e seguir trotando, *eia! eia!*, vou ganhar bem a vida com ele. Ora, ele tem um traseiro tão liso quanto uma enguia. [Para Fausto:] Muito bem, meu senhor. Seu servo vai me entregar o cavalo, mas, escute, meu senhor: se meu cavalo ficar doente ou perder o ânimo para o trabalho, e se eu lhe trouxer a urina dele, poderá o senhor me dizer o que tem de errado com ele?

FAUSTO

Fora daqui, miserável! O que pensa que sou? Um médico de bestas de carga?

[Sai o comerciante de cavalos.]

FAUSTO

O que é Fausto senão um homem condenado a morrer? Sua hora final já se aproxima. O desespero já toma conta dos meus pensamentos. Mas vamos aplacar toda essa comoção com um sono tranquilo. Ora, Cristo, pregado na cruz, deu consolo a um ladrão. Então, descanse, Fausto, deixe de lado essas reflexões.

FAUSTO

[Dorme na cadeira. Entra o comerciante de cavalos, encharcado e choramingando.]

COMERCIANTE DE CAVALOS

Ai de mim! Ai de mim! Doutor *Fusto*, que coisa me aconteceu! Ora, esse tal Doutor de Nada, o que me deu foi uma purgação. Ele me purgou de quarenta moedas. Nunca mais vou ver de volta meu dinheiro. E, no entanto, que idiota eu sou, não atendi ao seu aviso. Bem que ele me disse para não conduzir o cavalo pela água. E eu, pensando que o animal tivesse alguma rara característica que ele não tivesse me revelado, eu, como um garoto irresponsável, montei nele e o fiz atravessar o profundo lago, no extremo da cidade. E logo me vi debatendo sozinho, no meio do lago, porque meu cavalo havia desaparecido, e debaixo de mim havia apenas um feixe de feno. Nunca estive tão perto de me afogar em toda a minha vida. Mas vou procurar por esse meu querido doutor e fazê-lo devolver minhas quarenta moedas ou ele é que vai se tornar minha montaria. Ah, aqui está seu servo. Ei, você, *presto!* Onde está o seu amo?

MEFISTÓFELES

Por quê, meu caro? Você não pode falar com ele.

COMERCIANTE DE CAVALOS

Ah, mas vou falar com ele, sim.

MEFISTÓFELES

Ele dorme profundamente. Volte mais tarde.

COMERCIANTE DE CAVALOS

Vou falar com ele agora ou quebro aqueles óculos que ele traz presos às orelhas.

MEFISTÓFELES

Estou lhe dizendo que faz oito noites que ele não consegue dormir.

COMERCIANTE DE CAVALOS

E eu lhe digo que mesmo que ele não dormisse há oito semanas, ainda assim eu falaria com ele agora.

MEFISTÓFELES

Veja, ali está ele, dormindo profundamente.

COMERCIANTE DE CAVALOS

Ah, sim, é ele. Deus o guarde, meu mestre. Doutor mestre. Mestre doutor *Fusto*. Quarenta moedas! Quarenta moedas por um feixe de feno.

MEFISTÓFELES

Ora, não adianta, ele não o escuta.

[O comerciante de cavalos berra no ouvido de Fausto.]

COMERCIANTE DE CAVALOS

Ei! Olá! Olááá! Ora, não vai acordar? Mas eu vou fazer você abrir os olhos seja como for.

[O comerciante de cavalos puxa Fausto da cadeira, e a perna deste fica em sua mão, arrancada do corpo.]

COMERCIANTE DE CAVALOS

Meu Deus! Estou perdido! O que fui fazer?

FAUSTO

Ai, minha perna, minha perna! Socorro, Mefistófeles! Chame os guardas! Minha perna! Minha perna!

MEFISTÓFELES

[Agarrando o comerciante de cavalos.] Vamos, miserável! Vou entregá-lo aos guardas!

COMERCIANTE DE CAVALOS

Oh, meu senhor, deixe-me ir e lhe darei mais quarenta moedas.

MEFISTÓFELES
E onde está esse dinheiro?

COMERCIANTE DE CAVALOS
Não tenho nada aqui comigo. Mas vá até minha estrebaria que eu entregarei o dinheiro ao senhor.

MEFISTÓFELES
Fuja, rápido.

[O comerciante de cavalos foge correndo.]

FAUSTO
Ah, ele já foi embora? Bons ventos o levem! Fausto tem de novo a sua perna, e o comerciante de cavalos, assim concluo, ficou com um feixe de feno em troca do seu dinheiro. Bem, este truque vai lhe custar mais quarenta moedas.

[Entra Wagner.]

FAUSTO
Salve, Wagner! Que notícias você me traz?

WAGNER
Meu amo, o Duque de Vanholt, anseia por desfrutar de sua companhia.

FAUSTO
O Duque de Vanholt! Um nobre honrado, com quem não posso ser avaro em relação às minhas artes. Venha, Mefistófeles. Vamos ao encontro dele.

[Saem.]

ATO IV, CENA 2

[Entram Fausto e Mefistófeles. Vêm ao encontro deles o duque e a duquesa, que está grávida.]

DUQUE
Creia em mim, Mestre Fausto, que sua presença me dá enorme prazer.

FAUSTO
Meu gracioso lorde, estou feliz por poder lhe proporcionar esta alegria. Mas, talvez, minha senhora não esteja tão contente assim com isso. Escutei dizer que as mulheres grávidas têm desejos por doces e iguarias. Diga-me o que quer, senhora, e o terá!

DUQUESA
Obrigada, Mestre Fausto, e já que vejo seu empenho em me agradar, não vou esconder de você o que mais deseja meu coração. Se fosse agora verão e não os dias desolados do inverno, em pleno janeiro que estamos, não apreciaria nenhuma refeição melhor do que uvas bem maduras.

FAUSTO
Ora, minha senhora. Isso é nada. [À parte para Mefistófeles:] Mefistófeles, sabe o que tem a fazer. Vá!

[Sai Mefistófeles.]

FAUSTO
Mesmo que fosse algo muito mais difícil do que o que me pediu, eu teria prazer em lhe proporcionar.

[Entra Mefistófeles com uma bandeja de uvas.]

FAUSTO
Aqui estão suas uvas, minha senhora. Poderia, por favor, prová-las?

DUQUESA
[Comendo as uvas.] Creia-me, Mestre Fausto. Mas como é que, estando nós nos dias mais desolados do inverno, em janeiro ainda, posso estar aqui comendo estas uvas?

FAUSTO
Eu lhe respondo, Vossa Graça. O ano é dividido em dois círculos no mundo. Assim, quando aqui é inverno, no círculo oposto é verão, como acontece agora na Índia, em Sabá e nas terras ainda mais longínquas do Oriente. Com os recursos do espírito ligeiro que está sob minhas ordens, mandei que as trouxesse de lá, como pode ver. Gostou delas, minha senhora? São boas as uvas?

DUQUESA
Creia-me, Mestre Fausto, são as melhores uvas que já experimentei em minha vida.

FAUSTO
Estou contente de poder satisfazê-la, minha senhora.

DUQUE
Venha, minha senhora, vamos entrar. Você deve agora recompensar bem este homem do saber pela grande gentileza que ele lhe demonstrou.

DUQUESA
Farei isso, meu senhor, e, enquanto eu viver, louvarei sua cortesia.

FAUSTO
Agradeço humildemente, Vossa Graça.

DUQUE
Venha, Mestre Fausto, siga-nos e receberá sua recompensa.

[Saem.]

ATO V, CENA 1

[Entra Wagner.]

WAGNER

Creio que meu mestre pressente sua morte para breve, porque já me deu todos os seus bens. No entanto, me pergunto se, de fato, essa morte se aproxima; estaria ainda ele se banqueteando e se embebedando junto com seus alunos, como está fazendo neste exato momento, quando promove um jantar com tanta fartura como Wagner jamais viu na vida? Vejam, aí vêm eles. Parece que o jantar terminou.

[Sai Wagner. Entra Fausto com três eruditos.]

PRIMEIRO ERUDITO

Mestre Fausto, nossa discussão sobre belas mulheres — aquelas que estão entre as mais lindas do mundo — determinou que Helena da Grécia é a mais adorável mulher que já viveu. Portanto, Mestre Fausto, se nos conceder esse favor, deixe-nos admirar essa dama sem par da Grécia, a quem o mundo inteiro admira por sua majestade, e nos veremos em eterna gratidão em relação ao senhor.

FAUSTO

Cavalheiros, como sei que a sua amizade é sincera, e não é hábito de Fausto negar os justos pedidos daqueles que lhe querem bem, vocês terão a oportunidade de contemplar a beleza sem par de Helena da Grécia, no auge de sua pompa e majestade, da época em que Páris atravessou os mares com ela, trazendo os espólios da rica Dardânia. Fiquem em silêncio então, porque o perigo está nas palavras.

[Música. Helena atravessa o palco.]

SEGUNDO ERUDITO

Muito simplória é minha sabedoria para louvar o bastante essa senhora, a quem o mundo inteiro admira por sua majestade.

TERCEIRO ERUDITO

Não admira que os gregos tenham se irritado tanto e enfrentado dez anos de guerra para castigar o rapto de tal rainha,[35] cuja beleza celestial está além de toda comparação.

PRIMEIRO ERUDITO

Então, tendo já visto o maior orgulho da obra da natureza e modelo único de excelência, devemos agora partir. E por essa façanha gloriosa abençoado seja Fausto para sempre.

[Entra um ancião.]

FAUSTO

Cavalheiros, adeus. Desejo o mesmo a vocês.

[Saem os eruditos.]

ANCIÃO

Ah, mestre Fausto, que eu consiga guiar os seus passos no caminho da vida, por cujo doce percurso você poderá obter o descanso celestial. Abra seu coração, faça-o sangrar e misture o sangue às lágrimas — lágrimas derramadas do pesar e do arrependimento pela mais vil e abominável imundície, o fedor daquilo que corrompe a alma, com crimes tão hediondos, tão atrozes pecados que nenhuma comiseração pode expelir, a não ser a compaixão, Fausto, de nosso doce Salvador. Basta o sangue Dele para lavar toda a culpa.

---

[35] O personagem menciona episódios relacionados à lenda da Guerra de Troia.

FAUSTO

Oh, Fausto, o que você fez? O que você fez, desgraçado? Maldito seja você, Fausto! Sim, maldito. Desespere-se e morra! O inferno clama por seus direitos. E o faz com rugidos. O inferno lhe diz: *Venha, Fausto! Sua hora chegou!* [Entra Mefistófeles, que lhe entrega uma adaga.] E Fausto pagará a sua dívida.

ANCIÃO

Ah, Fausto, acalme-se. Não faça nada guiado pelo desespero. Vejo um anjo pairando sobre a sua cabeça, e com um vaso repleto da preciosa graça, oferecendo-se para banhar com ela a sua alma. Então, peça piedade e evite a perdição.

FAUSTO

Ah, meu bom amigo, sinto as suas palavras confortarem a minha alma atormentada. Deixe-me sozinho por um momento para que eu possa refletir sobre os meus pecados.

ANCIÃO

Parto, então, bom Fausto, mas com muita melancolia, temendo pela ruína de sua alma desesperançada.

[Sai o ancião.]

FAUSTO

Amaldiçoado Fausto, onde está a clemência, agora? Eu me arrependo, mas mesmo assim me desespero. O inferno disputa com a graça o domínio sobre o meu coração. O que devo fazer para evadir-me das ciladas da morte?

MEFISTÓFELES

Você é um traidor, Fausto! E eu arrancarei a sua alma, por desobedecer ao meu senhor Lúcifer. Renegue a Deus ou vou cortar a sua carne em tiras!

FAUSTO

Bom Mefistófeles, interceda junto ao seu senhor para que ele perdoe minha injusta presunção. Com meu sangue, mais uma vez, confirmo o juramento que fiz a Lúcifer.

MEFISTÓFELES

Faça-o, e depressa, e sem dissimulações. Você estaria correndo um perigo menor do que se tentasse se voltar de novo para Deus.

[Fausto corta o seu braço e escreve com seu sangue.]

FAUSTO

Aquele ancião encurvado pela idade, que ousou alertar-me contra Lúcifer, lembrando-me os enormes sofrimentos impostos a quem vai para o inferno, é um bom amigo atormentado pela doença.

MEFISTÓFELES

A fé dele é muito forte. Não posso tocar sua alma, mas o que posso infligir ao seu corpo não é desprezível.

FAUSTO

Mais uma coisa, meu bom servo. Vou confiar a você a realização de um desejo muito íntimo. Quero ter como amante aquela celestial Helena que acabei de ver, e o seu abraço tão meigo irá dissipar os pensamentos que me fizeram hesitar quanto ao meu compromisso com Satanás. Helena é tudo do que preciso para manter a palavra dada.

MEFISTÓFELES

Isso, Fausto, e tudo o mais que você desejar lhe será dado num piscar de olhos.

[Entra Helena.]

FAUSTO

Foi esse o rosto que lançou ao mar mil navios e incendiou as torres de altura a perder de vista de Ílion?[36] Bela Helena, que o seu beijo me torne imortal. [Fausto e Helena se beijam.] Os lábios dela sugam minha alma para fora — sim, minha alma sai voando de dentro de mim! Venha, Helena, devolva minha alma. [Beijam-se de novo.] Aqui mesmo proclamo que o paraíso está nesses lábios, e tudo o que não for Helena é dejeto. [Entra o ancião.] Eu me tornarei Páris, por amor a você, e que, em vez de Troia, seja Wittenberg, saqueada. Lutarei contra o desprezível Menelau e usarei as cores de Helena na crista emplumada do meu elmo. Sim, serei eu a ferir Aquiles no calcanhar, e então voltarei a Helena por seu beijo. Ah, você é mais adorável do que o ar da noite revestida da beleza de mil estrelas. Você é mais brilhante do que o flamejante Júpiter, quando surgiu diante da desafortunada Sêmele.[37] E em você encontro mais amor do que o monarca das alturas, entregue aos braços libidinosos e celestiais de Aretusa.[38] Ninguém além de você será minha amante.

[Saem Fausto, Helena e Mefistófeles.]

ANCIÃO

Desgraçado Fausto, pobre, pobre homem, que expulsou de sua alma a graça do Paraíso e evadiu-se do tribunal onde Deus tem Seu trono. [Entram os demônios, ameaçando o ancião.] O orgulhoso Satã já vem em

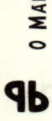

---

[36] Ílion era também o nome de Troia. Daí o épico poético sobre a Guerra de Troia, de Homero, chamar-se *Ilíada*. Fausto, nessa passagem, evoca vários personagens do episódio de Troia: Menelau, o marido de Helena, rei de Esparta; Páris, que a raptou do palácio de seu marido e a levou para Troia; Aquiles, o grande herói dos exércitos gregos e principal personagem da *Ilíada*.

[37] Sêmele, com quem Júpiter — Zeus, para os gregos, o senhor de todos os deuses — gerou, numa de suas aventuras extraconjugais, o deus Dioniso (ou Dionísio) — Baco, para os romanos. Hera, a esposa de Zeus, infundiu em Sêmele uma obsessão tal, por ver seu amante em sua forma real, divina, que foi essa a recompensa que Sêmele pediu a Zeus, por ter se entregado a ele. Ocorre que mortal nenhum seria capaz de sobreviver à visão de um deus na sua forma original, e Sêmele, ao ver Zeus como uma coluna de chamas, teve o corpo calcinado.

[38] Ninfa das florestas por quem o deus-rio Alfeu apaixonou-se.

meu encalço, e devo suportar essa provação para testar minha fé. Minha fé, desprezíveis criaturas, vai triunfar sobre vocês. Demônios ambiciosos, vejam como os céus sorriem diante da repulsa de vocês e desdenha de seu poder! Fora daqui, inferno! E, neste momento, eu levanto vôo para os braços de Deus!

[Saem em diferentes direções.]

ATO V, CENA 2

[Entram Fausto e os eruditos.]

FAUSTO
Ah, cavalheiros!

PRIMEIRO ERUDITO
O que o perturba, Fausto?

FAUSTO
Oh, meu bom companheiro de estudos, quem me dera eu tivesse vivido junto a você. Então, ainda teria esperanças. Mas, agora, estou condenado à morte eterna. Veja, ele já está vindo? Não é ele quem chega?

SEGUNDO ERUDITO
De quem está falando, Fausto?

TERCEIRO ERUDITO
Parece que ele contraiu alguma doença por excesso de solidão.

PRIMEIRO ERUDITO
Se é assim, traremos médicos que possam curá-lo. [Para Fausto:] Deve ser apenas um mal-estar. Não tema, homem.

FAUSTO
Um mal-estar causado por pecados mortais que condenaram o corpo e a alma.

SEGUNDO ERUDITO

Ainda assim, Fausto, erga os olhos para os céus. Lembre-se de que a compaixão de Deus é infinita.

FAUSTO

Mas a ofensa de Fausto jamais poderá ser perdoada. A serpente que tentou Eva pode ser salva, mas não Fausto. Ah, meus senhores, escutem-me com paciência, mas não se assustem com minhas palavras. Meu coração estremece, ofegante, quando se lembra de que tenho feito meus estudos aqui nesses últimos trinta anos. Ah, quem dera eu jamais tivesse conhecido Wittenberg e jamais tivesse lido um único livro. E os prodígios que realizei, toda a terra germânica pode testemunhar, sim, e o mundo inteiro também, e foi por conta deles que Fausto perdeu tanto esta terra quanto o mundo, e até mesmo o Reino dos Céus — o Paraíso, o trono de Deus, o trono dos abençoados, o Reino da Alegria —, e deverá agora padecer para sempre nos infernos. O inferno, sim, o inferno. Por toda a eternidade! Bons amigos, o que será de Fausto, condenado a uma eternidade nos antros infernais?

TERCEIRO ERUDITO

Ainda assim, Fausto, clame por Deus.

FAUSTO

Deus, a quem Fausto renegou? Deus, contra quem Fausto blasfemou? Oh, meu Deus, eu poderia estar chorando se o demônio não tivesse secado as minhas lágrimas. Que eu vertesse sangue em vez de lágrimas, sim, vida e alma. Oh, ele paralisa a minha língua! Eu ergueria os meus braços, mas... Vejam! Eles prendem meus braços! Eles prendem meus braços!

TODOS

Quem, Fausto?

FAUSTO

Lúcifer e Mefistófeles. Ah, cavalheiros. Entreguei minha alma a eles em troca de conhecimentos.

TODOS
Deus não permita!

FAUSTO
E Deus não o permitia, de fato. Mas, ainda assim, Fausto o fez. Por prazeres vãos, que duraram 24 anos, Fausto perdeu toda a alegria eterna. Assinei um contrato com meu próprio sangue. O prazo se expira agora, chegou a hora, ele já vem me buscar.

PRIMEIRO ERUDITO
Por que Fausto não nos contou isso antes, de modo que trouxéssemos santos homens para rezar por você?

FAUSTO
Muitas vezes pensei em fazer isso, mas o demônio ameaçou despedaçar-me, se eu clamasse por Deus. E me rasgar o corpo e a alma, se eu de novo desse ouvidos ao chamado de Deus. Agora, é tarde demais. Cavalheiros, vão embora, senão perecerão comigo.

SEGUNDO ERUDITO
Oh, o que devemos fazer para salvar Fausto?

FAUSTO
Não pensem mais em mim. Fujam depressa, salvem-se!

TERCEIRO ERUDITO
Deus me dará forças para ficar ao lado de Fausto.

PRIMEIRO ERUDITO
[Para o terceiro erudito:] Não se arrisque à ira de Deus, bom amigo. Vamos para a sala ao lado e fiquemos lá, rezando por ele.

FAUSTO
Ah, sim, rezem por mim. Rezem por mim! E seja qual for o barulho que escutarem, não pensem em vir em meu socorro.

SEGUNDO ERUDITO
Reze você também, e rezaremos para que Deus se compadeça de você.

FAUSTO
Cavalheiros, adeus! Se eu ainda estiver vivo pela manhã, irei visitá-los. Se não, Fausto terá ido para o inferno.

TODOS
Adeus, Fausto!

[Saem os eruditos. O relógio bate onze horas.]

FAUSTO
Ah, Fausto, você tem menos de uma hora de vida agora, e, depois, será a condenação eterna. Ah, esferas celestes em eterno movimento, detenham-se! Que o tempo cesse de correr e a meia-noite jamais chegue. Olhos brilhantes da natureza, ergam-se! Ergam-se novamente e façam de hoje um dia perpétuo. Ou permitam que esta hora seja um ano, um mês, uma semana, um dia. Que Fausto possa ainda se arrepender e salvar a sua alma. *Oh, cavalos da noite, diminuam sua marcha, vão devagar!* Mas as estrelas continuam se movendo, o tempo corre, o relógio logo baterá outra vez, o demônio chegará... e Fausto está condenado. Mas não, vou me atirar nos braços de Deus! Quem está me retendo? Vejam, vejam, se o sangue de Cristo fosse um filete percorrendo o firmamento, bastaria uma gota dele para me salvar. Oh, meu Jesus! Ah! Não rasgue meu coração por mencionar o nome de meu Salvador! E mesmo assim chamarei por Ele. Ó Lúcifer, me poupe! Onde ele está, agora? Desapareceu! E veja o ponto onde Deus me estende Seu braço, me apontando, e franze Seu cenho, irado. Montanhas, colinas, venham, caiam sobre mim e me ocultem da pesada fúria de Deus. Não? Não? Então, eu me precipitarei nas entranhas da terra. Terra, abra-se! Ah, não, a terra não vai me dar abrigo. Vocês, estrelas, que reinaram sobre o meu nascimento, cuja influência determinou a morte e o inferno, agora envolvam Fausto numa névoa mística, nas reentrâncias de nuvens de magníficas tempestades, de modo que, quando vomitarem sua raiva no ar, meus membros possam ser projetados de suas

bocas fumarentas e minha alma, então, possa ascender aos céus. [Bate o relógio.] Ah, passou-se meia hora. Logo tudo estará terminado! Oh, Deus, onde está a Vossa misericórdia? Não é ela infinita? Então, se não é Seu desejo ter piedade de minha alma, ainda assim, em nome de Cristo, cujo sangue resgatou meus pecados, pelo menos imponha um fim ao meu tormento infernal. Que Fausto padeça por mil anos, por cem mil anos, para, a seguir, ser salvo. Ah, não! Não há um fim para os tormentos de uma alma condenada. Ah, por que não sou uma criatura sem alma? Que imortalidade é essa que me foi dada? Se a *Metempsicose*[39] de Pitágoras fosse verdadeira, essa alma sairia de mim, voaria para o ar e se transformaria em alguma besta brutal. Todas as bestas são felizes porque, quando morrem, suas almas se dissolvem entre os elementos, mas a minha deve viver para sempre, sofrendo, no inferno. Malditos sejam os pais que me geraram! Não, Fausto, amaldiçoe a você mesmo. Amaldiçoe Lúcifer, que o privou das alegrias do Paraíso. [O relógio bate meia-noite.] Ah, o relógio bateu. Agora, corpo, torne-se ar, ou Lúcifer, depressa, o arrebatará para o inferno. [Relâmpagos, trovões.] Ó alma, torne-se pequenas gotas de água e derrame-se no oceano para jamais ser encontrada! Meu Deus! Meu Deus! Não olhe para mim com essa raiva toda! [Entram Belzebu, Mefistófeles e outros demônios.] Víboras, serpentes, deixem-me respirar por mais um instante! Tenebroso inferno, não se abra! Não venha, Lúcifer! Vou queimar meus livros, todos eles, prometo! Mefistófeles!

[Os demônios saem levando Fausto, que se debate e é arrastado para fora da cena. Relâmpagos e trovões explodem. Tudo escurece. Soam gritos: são os três eruditos.]

ERUDITOS
Fausto! Fausto! O que aconteceu aqui? Fausto!

---

[39] Pitágoras, filósofo e matemático grego (580-500 a.C.), propôs uma teoria segundo a qual uma mesma alma pode animar sucessivamente corpos diversos — homens, animais ou vegetais —: a *Metempsicose* ou transmutação.

[Clareia. Os eruditos entram e se deparam horrorizados com as roupas rasgadas de Fausto e seus membros ensanguentados espalhados pela sala.]

PRIMEIRO ERUDITO

[Cambaleia para trás, apoia-se na parede; o terceiro erudito cai de joelhos, em pânico.]

Que os céus nos protejam. É o corpo de Fausto despedaçado. Mas como isso pôde acontecer?

SEGUNDO ERUDITO
[Persignando-se.]

Os demônios de fato visitaram esse aposento e carregaram a alma do nosso pobre mestre. Por mais incrível que pareça, aconteceu o que ele disse que aconteceria. Vamos rezar por ele, agora, e também para que estejamos protegidos de destino semelhante. Vamos, meus caros, vamos embora desse antro contaminado pelo Mal!

[Amparando-se um ao outro, os três fogem dali.]

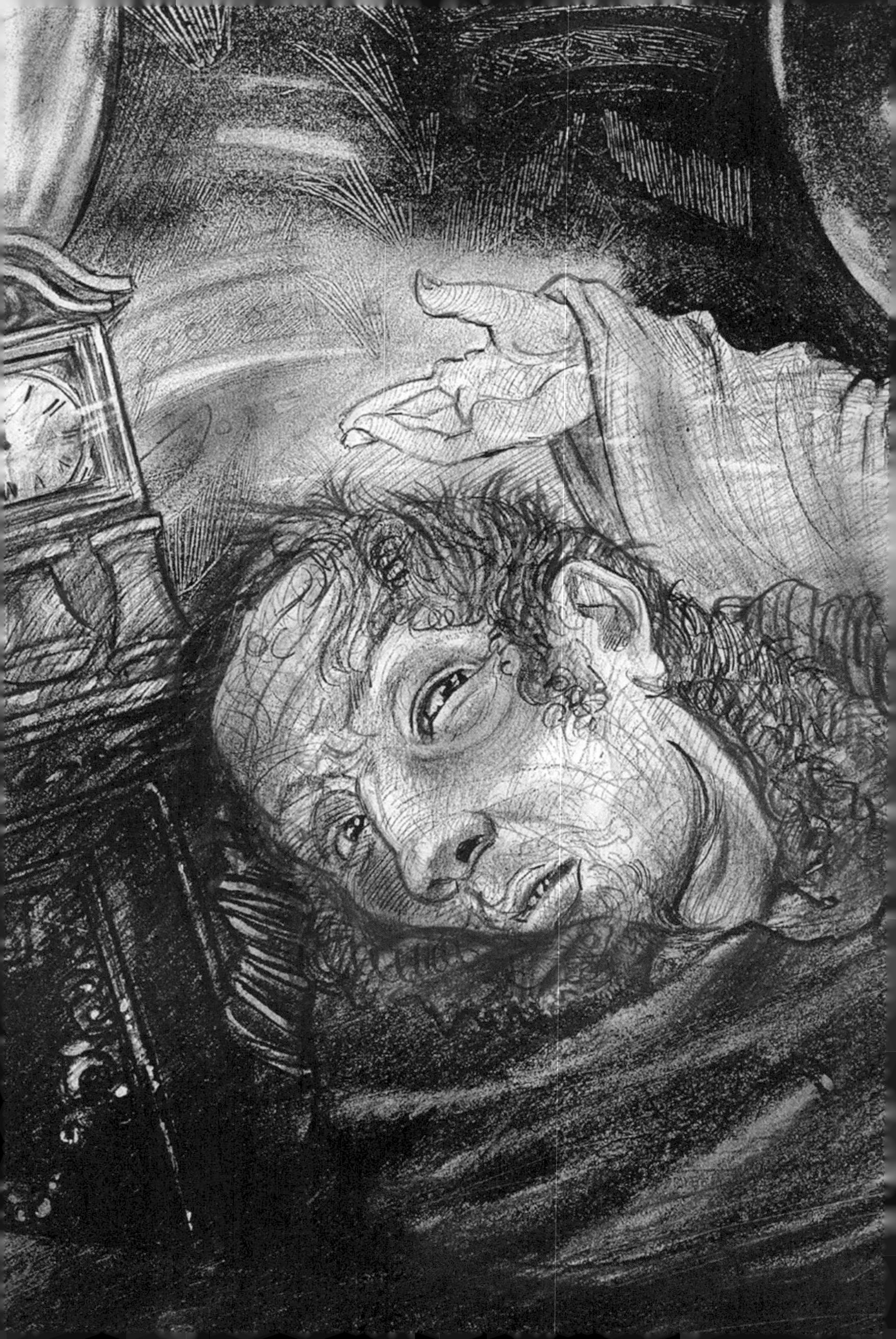

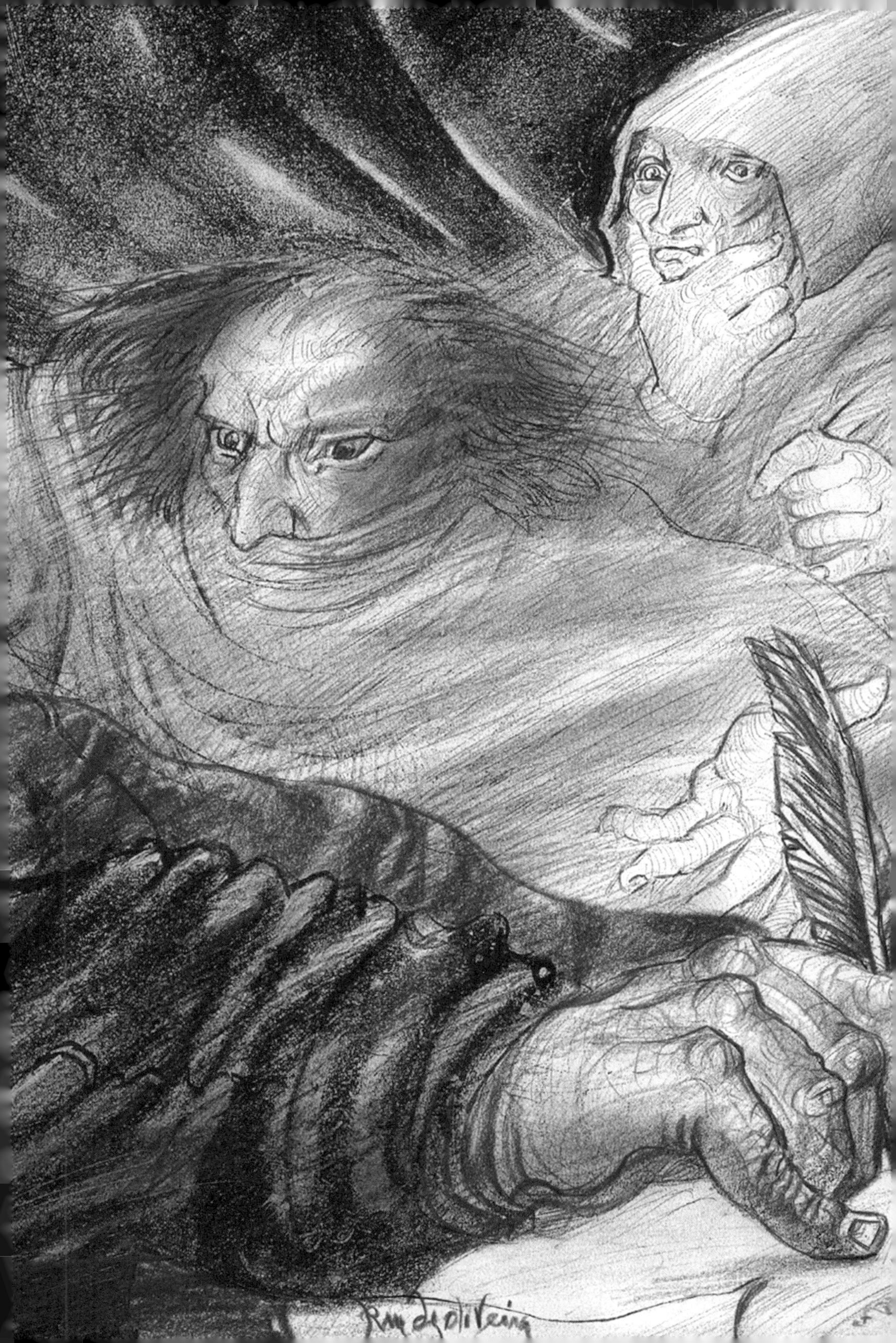

Epílogo

[Entra o coro.]

CORO

Cortado está o galho que deveria ter crescido reto e queimada foi a coroa de louro de Apolo,[40] que, um dia, já ornou esse laureado homem. Fausto se foi. Vejam sua queda para os infernos. Que sua tragédia possa inspirar os mais sábios a restringir-se a imaginar como seria experimentar o proibido, cuja profundidade de fato seduz as inteligências mais avançadas a aventurar-se em práticas vedadas pelos poderes celestiais.

[Sai.]

A hora encerra o dia; o autor encerra esta sua obra.

---

[40] Apolo, deus do conhecimento, nas mitologias grega e romana; a coroa de louros era um de seus símbolos.

POSFÁCIO

Para alguns leitores, não seria a alegoria Bem x Mal, Deus x Demônio o que mais assombra após a leitura de Fausto. Mas talvez que, durante a tragédia, muitos poderiam vir a achar plausível *para si* a escolha feita por Fausto. Poderiam tê-la feito também. Vinte e quatro anos de poder ilimitado com todos os segredos do Universo incluídos em troca de toda a eternidade de tormentos infernais.

E tormentos inaugurados por uma cena que, em Marlowe, será espetacular, cruenta e para muitos mais *teatral* do que o Fausto de Goethe. O protagonista de Marlowe morre despedaçado e depois tem sua alma arrastada pelos demônios. Na verdade, esse final combina os finais de duas versões de Marlowe para a tragédia de Fausto. O texto principal, aproveitado nesta adaptação, é o que foi publicado em 1604 — geralmente tido como superior —, embora a cena final, justamente quando os estudiosos encontram os pedaços do corpo de Fausto espalhados pela sua sala de estudos, seja o da versão publicada em 1616. Em ambos, no entanto, não é apenas Fausto que vemos destruído — praticamente por suas próprias mãos, por força de sua decisão e sangue; a ameaça paira sobre todos. E assim a alegoria escapa também a seu limite, a uma interpretação simplória de pecado seguido de castigo e se torna um permanente drama humano que acompanha os limites dessa criatura, inclusive, novamente, o da imortalidade.

O *Fausto* de Marlowe é a consagração da nossa volúpia, da inconformidade inerente ao ato de viver, nesse desafio aos deuses que nos coloca à altura dos mais trágicos heróis clássicos, mas que também se reproduzirá em muitas outras peças de ficção. Victor *Frankenstein*, de Mary Shelley, o cientista no clássico gótico do século XIX, criou um monstro para equiparar-se aos seres onipotentes capazes de gerar a vida, e no final adverte que esse impulso somente pode ser fonte de desgraças. Ao mesmo tempo, é um impulso quase *natural*, tão humano.

Fausto foi condenado pelo nosso medo, o medo inerente aos seres humanos, de ousarem mais do que nossa condição natural nos permite. Se ele não fosse destruído, o que preservaria nosso recato e contenção? Marlowe, ele próprio um desafiador das virtudes que garantem a tranquilidade cotidiana das pessoas, usou do poder divino que tinha em seu talento para criar um personagem que, na profundeza oculta de nossa alma, no que às vezes poderíamos também chamar de inferno, arde, latente. Sabemos agora, depois de ler a peça de Marlowe, que Fausto poderia ser qualquer um de nós.

Dido, a Rainha de Cartago

DIDO, A RAINHA DE CARTAGO

INTRODUÇÃO

A RAINHA APAIXONADA

Há versões da história romana antiga que contam que, tendo derrotado os exércitos de Cleópatra e Marco Antônio, e assim afirmado a vocação ocidental e patriarcal do Império Romano — que a população de Roma entendia estar ameaçada pela rainha egípcia —, Augusto empenhou-se em erguer uma *nova Roma* e também um novo Império. Esses planos incluíam não apenas a remodelação da cidade, na qual pobres prédios decadentes foram substituídos por construções monumentais onde predominava o mármore — à custa do butim trazido do Egito, o saque ao tesouro de Cleópatra, entre outros —, mas também o resgate do sentimento do cidadão romano de pertencerem, todos, a um mesmo povo, de terem um destino em comum, originado e centralizado em *Roma*. Esse sentimento, fragmentado pela recente sucessão de guerras civis, teria como um de seus emblemas a epopéia que Augusto encomendara a Virgílio, para equiparar-se àquelas escritas por Homero, exaltando o *espírito* de Roma. De início, segundo também as imprecisas fontes que narram essa parte da história, Virgílio teria pensado em louvar a história do triunfo de Roma sobre a própria Cleópatra. Ela, que na propaganda de Augusto havia traiçoeiramente seduzido Marco Antônio, um dos generais romanos mais admirados pelos seus compatriotas, que o fizera voltar-se contra Roma e que ousara pensar que Alexandria, a capital egípcia, poderia se tornar também a nova capital do Império, substituindo Roma. Cleópatra, no entanto, encontrando como adversário um homem, um romano *de verdade*, sólido em seus valores e deveres para com a pátria e os companheiros de armas — Augusto —, foi derrotada.

Em vez de ser tão explícito, no entanto, Virgílio resolveu explorar a lenda de Enéas, soldado e nobre troiano, filho da deusa Vênus com Anquises, primo do rei de Troia. Depois de a sua cidade ter sido arrasada pelos gregos, Enéas se lança ao Mediterrâneo, já que o próprio Júpiter prometera que ele geraria um novo império. Sua missão era alcançar a distante Itália, mas, no caminho, encontra a oposição dos mesmos deuses, que haviam ficado ao lado dos gregos e contra Troia — inclusive Juno, esposa de Júpiter. Acossado pelas tormentas, perseguido por Netuno, deus dos mares, Enéas, com seus navios quase todos destruídos e seu exército engolido pelas águas, vai dar nas costas da Líbia ou, como era então, no reino da rainha Dido.

Dido tem uma história controversa. Viúva, seduziu príncipes locais para conquistar para si uma rica cidade e um trono. Construiu Cartago, sempre à custa de sua beleza, obtendo favores de Iarbas, um rei vizinho. Ou, pelo menos, essa era a versão sustentada por Virgílio. Dido e Enéas se apaixonam. Só que, diferentemente da versão na *Eneida*, na peça de Marlowe, *Dido, a Rainha de Cartago* (há quem atribua a Thomas Nashe — 1567-1601 — parceria na peça), é o personagem-título, a protagonista, e ocupa toda a cena e o imaginário do leitor com a força de sua paixão. É uma versão ineditamente feminina, na dramaturgia, e muito mais arrebatadora.

PERSONAGENS/TEMPO/LOCALIZAÇÃO

Vênus
Juno
Cupido
Mercúrio
Enéas
Dido
Ascânio, filho de Enéas
Achates
Ilioneus
Cloanthus
Sergestus
Rei Iarbas
Anna, irmã de Dido
Ama
Servos, nobres cartagineses, soldados troianos

A ação se passa em Cartago, no litoral da Líbia, num tempo mitológico, após a Guerra de Troia.

ATO I, CENA 1

VÊNUS

Que injustiça! Quanta crueldade! Não bastava meu filho Enéas ter assistido à destruição de sua Troia[41] e à chacina de seu rei e de seus amigos. Agora, em sua fuga pelo mar, lá estão os ventos e a tempestade querendo dar fim a seus navios, a tudo o que ele possui e até mesmo à sua preciosa vida! Ah, meu filho! Que destino enfrenta por ter deuses poderosos contra você. Sei quem está por trás disso tudo. Juno, a ciumenta esposa de Júpiter! Juno, que não perdoará jamais nenhum troiano por ter sido eu, e não ela, escolhida por Páris como a mais bela das deusas. É ela que atiça a fúria do Oceano[42] contra Enéas. Ah, Oceano, você, de cuja espuma eu surgi,[43] tenha piedade de mim e dos meus. Que suas ondas não sepultem Enéas. Que os ventos o carreguem para um litoral seguro! Eu imploro! E você, Júpiter! Você, que me prometeu que meu filho seria o fundador de um novo império, o maior já visto sobre a Terra? Do que vale a palavra do Deus dos Deuses, o Senhor do Olimpo e de todos nós? Onde está você que não salva Enéas? Mas... [Vênus volta-se para baixo:] O que estou vendo?... Que cena maravilhosa!

[Entram Enéas, seu filho, o menino Ascânio, e Achates com mais alguns companheiros.]

Mas é o meu filho, a salvo no litoral da Líbia? Que alegria! Afinal! Obrigada, Oceano! Obrigada, Júpiter! Vejo pelo seu rosto o tanto que ele

---

[41] Ou *Ílion*. Daí o título de *Ilíada*.
[42] Antigo deus dos mares.
[43] Numa das versões sobre Vênus — Afrodite, na mitologia grega —, a deusa da beleza nasceu das espumas do mar.

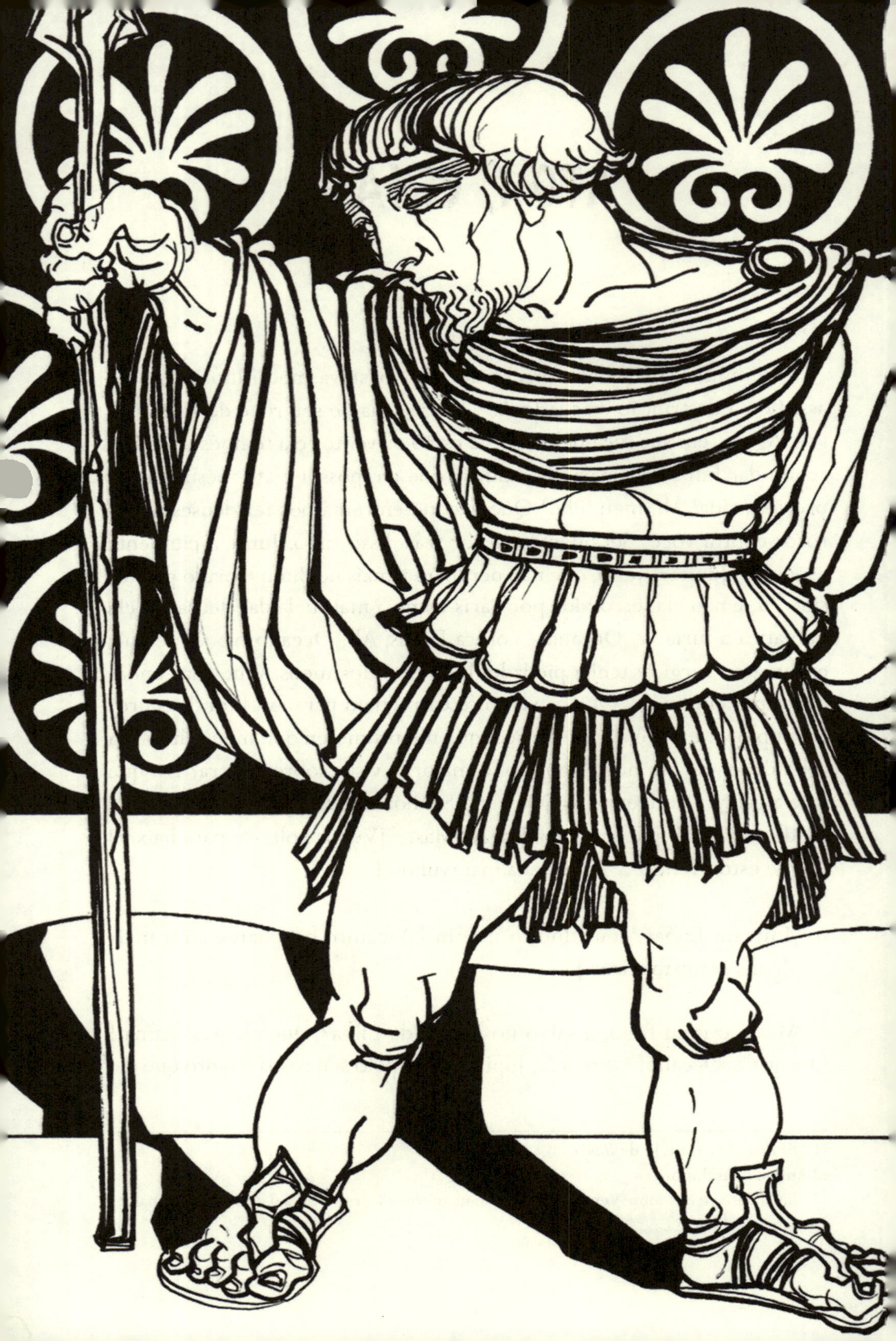

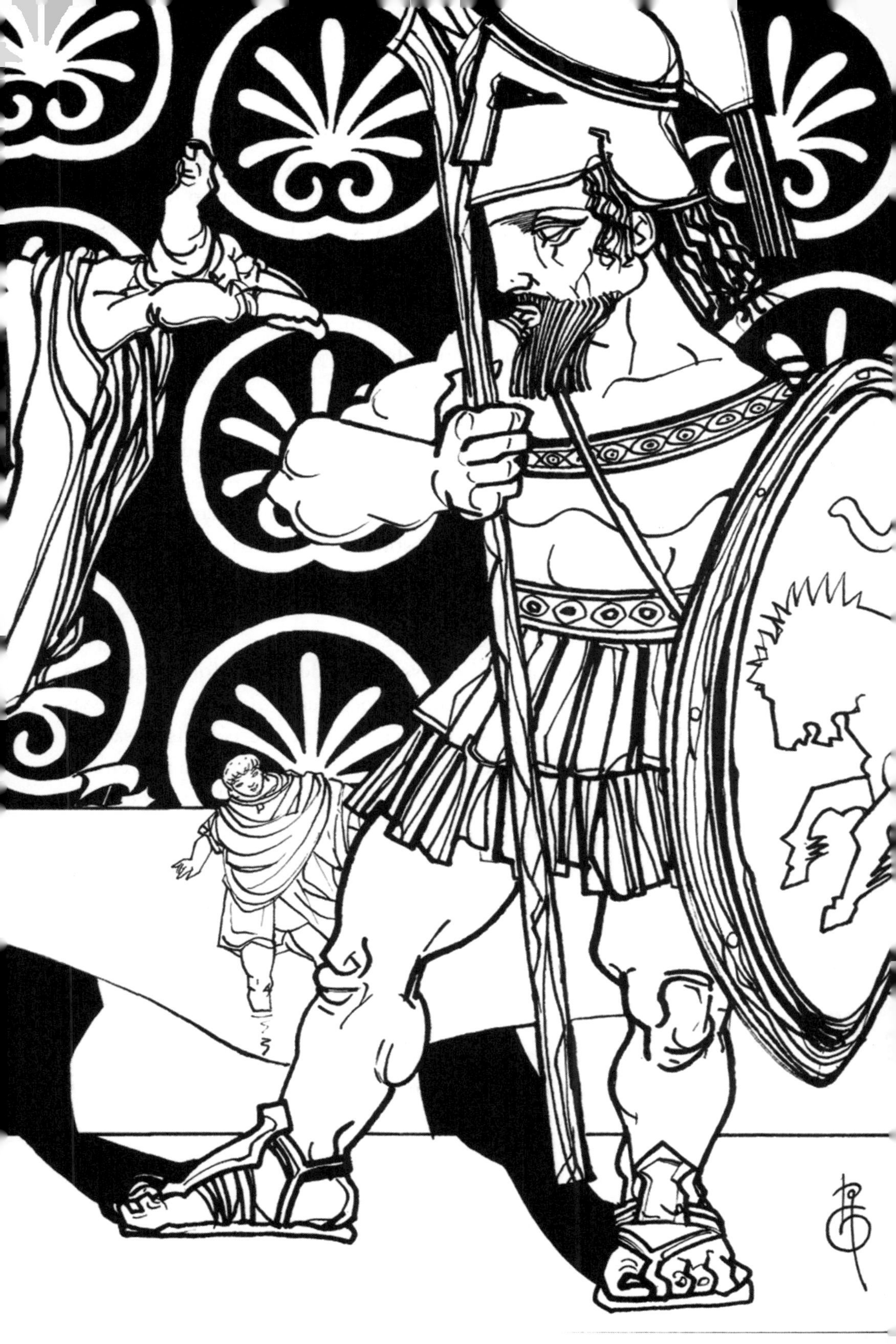

sofreu. Suas roupas estão rasgadas e ele não tem mais riqueza nenhuma no mundo. E nem assim se abate. Como é nobre esse meu filho! Tem realmente sangue divino em suas veias, como sua beleza bem o demonstra! Sim, Enéas. Sua mãe, Vênus, cuidará de você. Que alegria poder descer para junto de você, agora. Mas, cuidado, Vênus. Não se revele. Enéas não pode saber que está na presença de uma imortal. Vou me ocultar aqui, nestes arbustos, enquanto meu Enéas dirige seu lamento aos céus e à terra, junto com seus abatidos companheiros.

ENÉAS

Vocês, filhos do meu pesar, companheiros de minha jornada! A desgraça de Príamo[44] nos acompanhou na longa travessia dos mares, sempre de perto. Quantos perigos superamos. Mas a tudo sobrevivemos! Alegrem agora seus corações, já que a deusa Destino continua nossa amiga e que os céus nos favoreçam de agora em diante.

ACHATES

Bravo príncipe de Troia, você é nosso único deus, pois foi graças a suas virtudes que nos livramos da morte. Foi você quem manteve vivas nossas esperanças de futuras alegrias. Basta você sorrir e o céu dispersa suas nuvens, você, cujo semblante determina os dias e as noites. Então, embora ainda em extremo infortúnio, privados de tudo pelas tormentas e intempéries que suportamos, ainda assim o sol ancestral espalha sua cabeleira para nos permitir viver e recuperar o calor de nossos corpos.

ASCÂNIO

Pai, estou faminto. Bom pai, me deixe comer.

ENÉAS

Infelizmente, meu garoto, você precisa esperar ainda um pouco, até assarmos a carne que caçamos. Bom Achates, providencie a fogueira. Assim, poderemos nos aquecer e matar nossa fome.

---

44 Rei de Troia, morto de modo brutal pelos gregos, quando invadiram a cidade.

VÊNUS

[À parte.] Mas que estranhas artes a necessidade inventa! Como você pode estar tão próximo de mim, meu filho querido!

ENÉAS

Espere, leve esta vela e vá providenciar o fogo. Vocês devem catar mais folhas e galhos caídos das árvores dessa floresta próxima numa quantidade suficiente para assar nossa carne. Ascânio, vá se secar ao fogo. Eu e Achates vamos percorrer os arredores para conhecer melhor essa costa para onde o vento nos trouxe. Precisamos descobrir que homens e animais habitam a região.

[Saem Ascânio e outros.]

ACHATES

Aqui o clima é agradável e a terra favorece a criação de cidades e o que mais uma sociedade precise para se desenvolver. No entanto, me admiro por não encontrar pegadas de pessoas no solo.

VÊNUS

[À parte.] Chegou a hora de entrar em cena. [Dirigindo-se a eles:] Salve, meus jovens! Será que viram, ao chegar por aqui, uma de minhas irmãs, passeando pelo litoral, com uma aljava de flechas pendurada no ombro e vestida com uma pele de leopardo?

ENÉAS

Nem vi nem escutei falar a respeito de ninguém assim. No entanto, acabamos de chegar, como pode ver. Mas qual é o seu nome, linda virgem? Sua aparência não é a de uma mortal e a sua voz não soa como de alguém de ascendência humana em seu nascimento. Por acaso, você seria uma deusa, disfarçada aos nossos olhos, ocultando sua beleza, nessa forma emprestada? Mas, mesmo que você seja a irmã mais brilhante do sol, a casta Diana,[45] ou uma das ninfas que a acompanham, só pode viver em

---

[45] Diana, para os romanos, e Ártemis, para os gregos, irmã de Apolo, o deus-Sol.

meio à felicidade das alturas. Por favor, nos responda: sob que céu é esse em que respiramos agora e como se chama esse mundo ao qual chegamos trazidos pela fúria das tempestades? Diga-nos, ah, por favor, diga-nos, porque nada sabemos sobre nossa localização. Em agradecimento, esta minha mão direita encherá tanto seus altares de sacrifícios que o peso deles os fará ceder.

VÊNUS

Não mereço tal honra, estrangeiro. É costume das donzelas desta região portarem seu arco e sua aljava, sem maiores adornos, e trajar sua túnica púrpura para a caça. Assim, podemos percorrer com mais leveza os campos relvados e abater os javalis de pontiagudas presas. Mas, quanto a essa terra sobre a qual você pergunta, aqui é o Reino Púnico, rico e poderoso, ligado à cidade-Estado de Agenor, o trono real do sul da Líbia, onde reina Dido, nascida na Sidônia. Mas quem é você que me faz essas perguntas? De onde vem e para onde está indo?

ENÉAS

Sou de Troia e meu nome é Enéas. Expulso pela guerra da minha terra natal, me fiz ao mar em busca da Itália, seguindo missão, que me foi dada pelos deuses, de lá fundar um novo reino. Descendo do divino Júpiter, deus dos deuses, e com duas dúzias de navios enfrentei a imensidão marítima, seguindo a orientação de minha mãe, Vênus. Mas, das minhas embarcações, apenas sete aqui chegaram inteiras, e mesmo essas quase destruídas pelo ataque das ondas, que varreram os conveses, levaram embora sua carga e deixaram seus porões inundados de água. No entanto, mesmo desprovido de tudo e sem saber onde me encontro, ao menos a vida me foi poupada e pude alcançar esse litoral, sem nenhuma outra proteção para nossos corpos que não os céus.

VÊNUS

Mesmo assim, a fortuna favoreceu-o, ao enviá-lo para essa costa hospitaleira. Quanto aos navios que você acha que perdeu, nenhum deles naufragou na tempestade. Alcançaram a costa a salvo, num ponto próximo daqui. E tendo lhe revelado isso, eu o deixo para viver seu destino, desejando que a fortuna guie seus passos errantes.

ENÉAS

Achates, essa é a minha mãe, que parte agora; eu a reconheci pelo seu andar gracioso. Fique conosco, bondosa Vênus, não abandone seu filho agora! Como é cruel, por que você me deixa nesta situação? E por que ilude meus olhos com seus disfarces? Por que não podemos conversar de mãos dadas? E trocar nossas mágoas, como fariam mãe e filho? Mas você já foi embora. E me deixou sozinho para entediar o ar vazio com meus lamentos.

[Saem.]

ATO I, CENA 2

[Entram Ilioneus e Cloanthus com Sergestus e Iarbas, rei da Gaetúlia.]

ILIONEUS

Sigam-me, troianos, sigam este bravo nobre e contem a ele os seus pesares.

IARBAS

Bem, quem são vocês e o que desejam aqui?

ILIONEUS

Somos fugitivos de Troia, conduzidos pelos vendavais, que imploram uma grande graça, aqui, aos seus pés, em nome de toda desventura que suportaram. Poupe nossos navios! Não queime nossas embarcações, que já sofreram o castigo de mil ondas. E poupe também nossas vidas, que já foram afligidas por todos os tormentos imagináveis. Não viemos aqui para desrespeitar os deuses da Líbia, nem privar de nada os deuses que protegem seus lares. Não é nossa intenção invadir, nem pilhar. Nem sequer possuímos mais armas que possam lhes causar nenhum dano. Nenhuma hostilidade passa pelos nossos indefesos pensamentos, cujo desalento e o peso da derrota nos impedem de ter qualquer esperança.

IARBAS

Mas, digam-me, troianos — se vocês são mesmo troianos —, a que lugar tão maravilhoso é esse que pretendiam chegar antes que o vento destroçasse suas velas?

CLOANTHUS

Existe um lugar que chamamos de Hispéria,[46] um antigo império, cuja terra a bondosa Ceres[47] abençoou com um fértil manto e cujos povos são famosos por sua bravura na guerra. Atualmente, chamamos esse lugar de Itália, e com esse nome vive a região em paz há muito tempo. Rumávamos para lá quando, de repente, o sombrio Orion[48] se ergueu e empurrou nossos navios para águas rasas, onde o vento sul, com seu hálito salobro, lançou nossa frota contra rochedos assassinos. Poucos de nós conseguimos chegar a salvo ao litoral, e os restantes, assim tememos, foram engolidos pelas ondas e correntezas.

IARBAS

Bravos guerreiros, deixem de lado esses temores inúteis. Nossa terra é generosa e sabe acolher quem a procura em momento de necessidade. Não lhes faremos mal algum!

SERGESTUS

Sim, mas um bando bárbaro ameaça neste momento nosso navio e não nos deixa desembarcar na costa. Uma multidão deles enche agora a praia e, da beira da água, impede que cheguemos às areias.

IARBAS

Eu próprio vou cuidar para que não lhes causem mais problemas. Seus homens são meus convidados para um banquete em minha corte. E que todo troiano seja tão bem recebido entre nós, como se fosse o próprio Júpiter. Venham comigo. Vou levá-los à minha rainha, que confirmará as minhas palavras com seus atos.

---

[46] Terra ocidental, Itália.
[47] Ceres, para os romanos — Deméter, para os gregos —, era a deusa da fertilidade da terra e da agricultura.
[48] Poderoso caçador, belo gigante, filho de Posêidon e Euríale, górgona da perversão social. Também uma constelação associada às tempestades.

SERGESTUS

Obrigado, gentil senhor, por um benefício desses, tão maior do que imaginávamos. Se pudéssemos, pelo menos mais uma vez, ver o rosto de Enéas, então poderíamos ter alguma esperança em nosso futuro. E nossa alegria, então, poderia soltar-se do peito e expressar ao senhor em palavras toda a nossa gratidão. Mas, que desgraça, o belo Enéas está morto. Temos certeza de que seu navio foi esmagado e ele certamente se afogou. Perdemos aquele que nos guiaria a uma nova vida, depois de vermos nossa Troia destruída. Para nós, o que pode ainda restar?

[Saem.]

ATO II, CENA 1

[Entram Enéas, Achates e Ascânio, entre outros.]

ENÉAS
Onde estou agora? Serão estes os muros de Cartago?

ACHATES
Por que se espanta tanto, Enéas?

ENÉAS
Ah, meu Achates, Níobe,[49] de Tebas, que por causa da morte de seus filhos chorou até exaurir seu fôlego e sua vida, e murchou de tanta dor, foi transformada em pedra. Mas nem mesmo ela tinha tanto pesar a afligir seu espírito quanto eu. Ponho-me a imaginar que esta cidade seria Troia, e lá ao longe o monte Ida. Mais ali, o rio Xanthus. E que Príamo, meu rei, está à minha espera. Mas, quando lembro que nada disso é verdade, morro por dentro.

ACHATES
Também me sinto assim. Não posso conter a vontade de cair de joelhos e lhe beijar as mãos. Onde está Hécuba?[50] Lá ela deveria estar. Mas, a não ser o vazio do ar, nada mais há ali, e o que é isso senão rocha?

---

[49] Níobe, de Tebas, tinha sete filhas e sete filhos, e por conta disso debochava de Leto, dizendo que esta só tivera um casal de gêmeos, os deuses Apolo e Ártemis. Leto, humilhada, pediu aos filhos que exterminassem a prole de Níobe. Toda a família de Níobe foi chacinada, e ela, transformada numa rocha.
[50] Rainha de Troia e esposa de Príamo.

ENÉAS

Ah, e ainda assim esta rocha faz Enéas chorar! E quem dera que minhas preces, como as de Pigmalião,[51] pudessem lhe trazer vida e, sob seu comando, navegássemos de volta para Troia para nos vingar desses gregos de coração duro, que neste momento se alegram por nada ter sobrado do reino de Príamo! Oh, mas Troia sobreviveu, e aqui está ela! Vamos! A bordo, todos! Vamos combater os odiosos gregos!

ACHATES

Como assim, Enéas?

ENÉAS

Achates, embora os meus olhos digam que isto é nada mais do que pedra, meu espírito ainda assim imagina que aqui é o reino de Príamo. E no que o meu dolorido coração suspira, e diz não, então salta fora do meu peito e devolve a vida a Príamo. Ah, Príamo, antes eu não tivesse sobrevivido para que você pudesse ainda estar entre nós. Veja, Achates, lá vem o rei Príamo em nossa direção pela praia. Ele nos acena. Está vivo. Foi tudo um pesadelo e Troia não foi derrotada.

ACHATES

É a sua mente, Enéas, que prefere ver essas coisas. Que ilude a sua visão. Príamo está morto.

ENÉAS

Troia foi pilhada. Príamo está morto. Então, por que deveria o pobre Enéas continuar vivo?

ASCÂNIO

Meu bom pai, deixe as lágrimas de lado. Aquele não é Príamo, porque, se fosse, estaria sorrindo para mim.

---

51 Pigmalião, rei de Chipre, escultor famoso, apaixonou-se por uma de suas esculturas — Galateia. Orou, então, fervorosamente a Vênus que lhe concedesse uma esposa em tudo igual à sua criação. Quando retornou para casa, encontrou a escultura transformada em ser vivo e com ela viveu para sempre.

ACHATES
Enéas, veja, lá vêm os cidadãos. Pare com suas lamentações ou eles começarão a rir de nós.

[Entram Cloanthus, Sergestus, Ilioneus e outros.]

ENÉAS
Senhores desta região, ou seja qual for o título que lhes caiba, tenham a gentileza de nos dizer quem habita esta bela cidade, que espécie de povo e quem o governa. Somos estrangeiros, atirados a esta costa, e não temos senão uma vaga idéia de onde nos encontramos.

ILIONEUS
Escuto a voz de Enéas, mas não o vejo, porque nenhum desses pode ser nosso general.

ACHATES
Este nobre fala como Ilioneus, mas Ilioneus não estaria vestido com estas roupas.

SERGESTUS
Você é Achates ou estarei eu delirando?

ACHATES
Enéas, veja! Ou é Sergestus, ou seu fantasma.

ILIONEUS
É Enéas! Vamos beijar seus pés.

CLOANTHUS
É nosso capitão! Veja, é Ascânio.

SERGESTUS
Vida longa para Enéas e Ascânio!

ENÉAS
Achates, fale, eu não consigo, de tanta alegria.

ACHATES
Ilioneus, você ainda está vivo?

ILIONEUS
Abençoado seja este dia em que revejo o rosto de Achates!

CLOANTHUS
Mas por que Enéas desvia o olhar de seus confiáveis amigos?

ENÉAS
Sergestus, Ilioneus e os demais, ver vocês me deixou atônito. Ah, que artes do destino trouxeram meus bons companheiros de volta do infortúnio? Por favor, me contem, tudo o que eu desejo é escutar seus relatos.

ILIONEUS
Amado Enéas, estes são os muros de Cartago e nesta cidade a rainha Dido ostenta a coroa real. Por afeição a Troia, ela nos recebeu muito bem, a todos, e nos presenteou com estas ricas roupas que estamos vestindo. Já nos perguntou a quem servimos e, quando lhe contamos, chorou de pesar, por acreditar que os mares engoliram os navios em que vocês viajavam. Mas agora, quando o vir, irá ficar muito alegre.

SERGESTUS
Vejam, são os servos dela que chegam, trazendo um banquete. Dido deve estar com eles.

ENÉAS
Mas que eu então a veja, sem que ela me veja. Não estou vestido à altura de comparecer diante de uma rainha.

[Entra Dido com Anna, Iarbas e sua escolta.]

DIDO

Quem é você, estrangeiro, que olha para mim tão fixamente?

ENÉAS

Houve um tempo, poderosa rainha, em que fui troiano. Mas Troia já não existe. O que posso dizer que sou?

ILIONEUS

Ilustre Dido, este é nosso general, o guerreiro Enéas.

DIDO

O guerreiro Enéas, nestes trajes tão modestos? Vão pegar alguma roupa de Sichaeus.[52] Bravo príncipe, bem-vindo a Cartago e à minha presença. Ambos estamos satisfeitos de ter Enéas como nosso convidado. Sente-se nessa cadeira e desfrute deste banquete ao lado de uma rainha; Enéas é Enéas, mesmo que estivesse vestido de farrapos, como Irus.[53]

ENÉAS

Este não é um assento para quem está tão desprovido quanto eu. Se Vossa Graça permitir, ficarei de pé. Embora nobre de nascimento, estou de todo despossuído de fortuna, a tal ponto que não posso me permitir ser companheiro de mesa de uma rainha.

DIDO

Sua fortuna pode vir a ser ainda maior do que a do seu nascimento. Sente-se, Enéas, aqui, no lugar de Dido. E se esse garoto é seu filho, como suponho, que ele se sente também. Alegre-se, criança adorável!

ENÉAS

Este lugar não é apropriado para mim. Por favor, me desculpe.

---

52 O falecido marido de Dido.
53 Mendigo em Ítaca, que Ulisses, na sua volta para casa, depois de vinte anos perambulando perdido pelo Mediterrâneo, encontrou, junto com outras dezenas de pretendentes, instalado em seu palácio e assediando Penélope.

DIDO
É a minha vontade, Enéas. Alegre-se.

ASCÂNIO
Vossa Graça, a senhora será minha mãe.

DIDO
Sim, serei, meiga criança. [Para Enéas, um brinde.] Alegre-se, homem. Aqui, à melhor fortuna e às boas estrelas!

ENÉAS
Com toda humildade, agradeço-lhe, Majestade.

DIDO
Lembre-se de quem você é e fale do modo que lhe é apropriado. Humildade é para o povo simples.

ENÉAS
Mas quem poderia ser mais miserável do que Enéas?

DIDO
Está nas mãos de Dido fazer de você um homem abençoado. E, se é assim, esteja certo de que você não é nenhum miserável.

ENÉAS
Oh, Príamo! Oh, Troia! Oh, Hécuba!

DIDO
Permita que eu o encoraje a falar à vontade e com toda sinceridade também. Como Troia foi destruída? Muitas histórias são contadas sobre a queda da cidade, e mal elas concordam em um único ponto que seja. Mas a maneira como Troia foi invadida, e Príamo, morto, disso não recebemos notícias.

ENÉAS

É uma história dolorosa que Dido me pede que conte, cuja lembrança, como se fosse uma maça trazendo a morte pálida com seu golpe, abate esta alma atribulada e me faz desabar aos pés de Dido.

DIDO

Como? Enéas desmaia à simples lembrança de Troia, em cuja defesa ele lutou com tanta valentia? Erga-se e fale!

ENÉAS

Então que Enéas fale com a língua de Aquiles,[54] e Dido e seus nobres cartagineses que me ouçam, mas com os ouvidos ásperos dos mirmidões,[55] acostumados às intempéries e aos massacres, mas temo que vocês se emocionarão demais com minha triste história. Exauridos depois de dez anos de cerco, os soldados gregos começaram a gritar: "Deixem-nos ir embora em nossos navios. Troia é invencível, por que insistir em permanecer aqui?" Atordoado com esses protestos, Agamênon convocou os comandantes para a sua tenda real. E esses comandantes, observando as cicatrizes que nós, troianos, lhes infligimos e o número de seus homens a decrescer, enquanto os sobreviventes iam tendo o ânimo cada vez mais enfraquecido, pronunciaram-se a favor de levantar acampamento. Mas Ulisses,[56] que os esperava nas areias, conseguiu, com palavras sedutoras, fazê-los voltar atrás e, enquanto ele falava, explicando seus planos, os ventos arremessaram enormes ondas contra o litoral, e os céus se escureceram com nuvens carregadas de tempestade. Então, ele alegou que os deuses desejavam que eles ficassem e profetizou que Troia seria tomada. Tendo, então, os gregos construído um cavalo de madeira, com guirlandas sacrificiais na cabeça, Ulisses enviou Sinon à nossa desafortunada cidade, um grego com a lábia de Mercúrio, o deus dos comerciantes e dos ladrões. Sinon apareceu rastejando junto às margens do rio Xanthus, suas mãos atadas às costas e ambos os olhos postos nos céus, como um homem

---

54 Grande herói do exército grego, personagem central da *Ilíada*.
55 O povo guerreiro do qual Aquiles era rei.
56 Odisseu, em grego. Daí o título da epopéia de Homero, *Odisseia*.

decidido a morrer. Nossos pastores frígios o trouxeram para dentro dos muros e o levaram até Príamo e sua corte. Diante de nosso rei, Sinon, com seus atos dissimulados, conquistou a comiseração de todos, e parecia tão arrependido, fez tantos votos de lealdade, que o ancião, comovido, beijou-o, abraçou-o, soltou suas mãos e, então, oh, Dido, me perdoe!

DIDO

Ora, não pare ainda. Conte-me tudo.

ENÉAS

Ah, as palavras feiticeiras que aquele homem sórdido pronunciou fizeram Príamo acreditar que o cavalo de Epeu[57] fosse um sacrifício para apaziguar a deusa Minerva.[58] E aconteceu ainda de Laocoonte,[59] ao perfurar o peito oco do animal de madeira com uma lança, ter sido imediatamente morto por duas serpentes aladas. Assim aterrorizados, recebemos ordens de, com toda reverência, arrastar o cavalo gigante para dentro de Troia, tarefa da qual infelizmente me incumbi. Estas mãos foram responsáveis por trazê-lo aos nossos portões, os quais, de tão imensos, não poderia atravessar. Ah, se nunca tivesse entrado lá, Troia ainda estaria de pé. Mas Príamo, impaciente com a demora, mandou que se rasgasse uma passagem nas muralhas inclinadas que mil aríetes não puderam romper. E assim lá foi o instrumento da morte, e aos seus amaldiçoados pés, repletos de contentamento, festejamos até que fomos dominados pelo vinho, alguns zonzos, outros dormindo pesadamente. Ao constatar isso, Sinon mandou espiões gregos correrem a alertar o acampamento inimigo, numa ilha a alguma distância do litoral de nossa bela cidade. Então, abriu o cavalo e, de repente, de suas entranhas, Neoptólemo,[60] fixando sua lança no solo, saltou, acompanhado de outros mil gregos, em cujos rostos impla-

---

57 O soldado grego encarregado por Ulisses de construir o cavalo de madeira.
58 Minerva, para os romanos — Atená, para os gregos —, a deusa da sabedoria.
59 Sacerdote troiano que se opôs a que seus compatriotas levassem para a cidade o cavalo de madeira, e ainda lançou um dardo contra o bojo do animal. Durante o sacrifício de um touro, prodigiosamente duas serpentes gigantes saíram de dentro do animal, matando a ele e a seus dois filhos. Os troianos interpretaram esse episódio como um sinal de que deveriam levar o cavalo para dentro de seus muros.
60 Ou Pirro, filho de Aquiles, que já estava morto a essa altura.

cáveis já ardia o insaciável fogo que depois incendiaria o orgulho da Ásia. A essa altura, as tropas gregas já haviam alcançado as muralhas de Troia e, passando pela abertura, marcharam sobre as ruas, onde, reunindo-se aos que já estavam dentro da cidade, começaram a gritar: "Matem todos! Matem todos!" Assustado com tanto alarido, despertei e, do alto de uma torre, vi crianças nadando no sangue de seus pais. Cadáveres sem cabeça empilhados, virgens já quase mortas sendo arrastadas por seus cabelos dourados. O principal das forças gregas avançava em formação cerrada, como um anel de pontas. Anciãos eram atravessados de lado a lado pelas espadas, quando já estavam de joelhos, implorando pela vida aos soldados gregos, que com golpes de suas alabardas[61] espalhavam seus cérebros pela poeira. Então, coloquei minha armadura e enverguei minha espada, quando me apareceu o fantasma de Heitor[62] com a fronte cinzenta, os olhos rodeados de manchas sulfúricas roxas, os braços arrancados de seus ombros, seu peito coberto de ferimentos e — foi isso que me fez chorar — tiras de couro atravessando seus tornozelos, com as quais os cavalos de Aquiles o arrastaram em triunfo por todo o acampamento grego. E lá estava ele, erguido da terra, gritando para mim: "Enéas, fuja! Troia está em chamas. Os gregos tomaram nossa cidade!"

DIDO

Ah, Heitor, quem pode conter as lágrimas ao escutar seu nome?

ENÉAS

Então, fugi, totalmente desesperado, atravessei as multidões em fúria e com esta espada mandei muitos daqueles fantasmas desgraçados para os infernos. Finalmente, Pirro surgiu diante de mim, possuído pela vontade de matar e pela ira, sua armadura pingando sangue e, em sua lança, a cabeça decepada do filho mais novo de Príamo. Seu bando de mirmidões o seguia, com bolas de fogo em suas mãos, feito patas assassinas, que serviram de pira funerária à linda Troia. Todos eles me cercaram gritando: "É ele!"

---

[61] Uma haste longa de madeira, com uma peça de metal larga e pontiaguda na ponta, atravessada por outra, em forma de meia-lua.
[62] Herói de Troia morto por Aquiles, no que se constitui o episódio central da *Ilíada*.

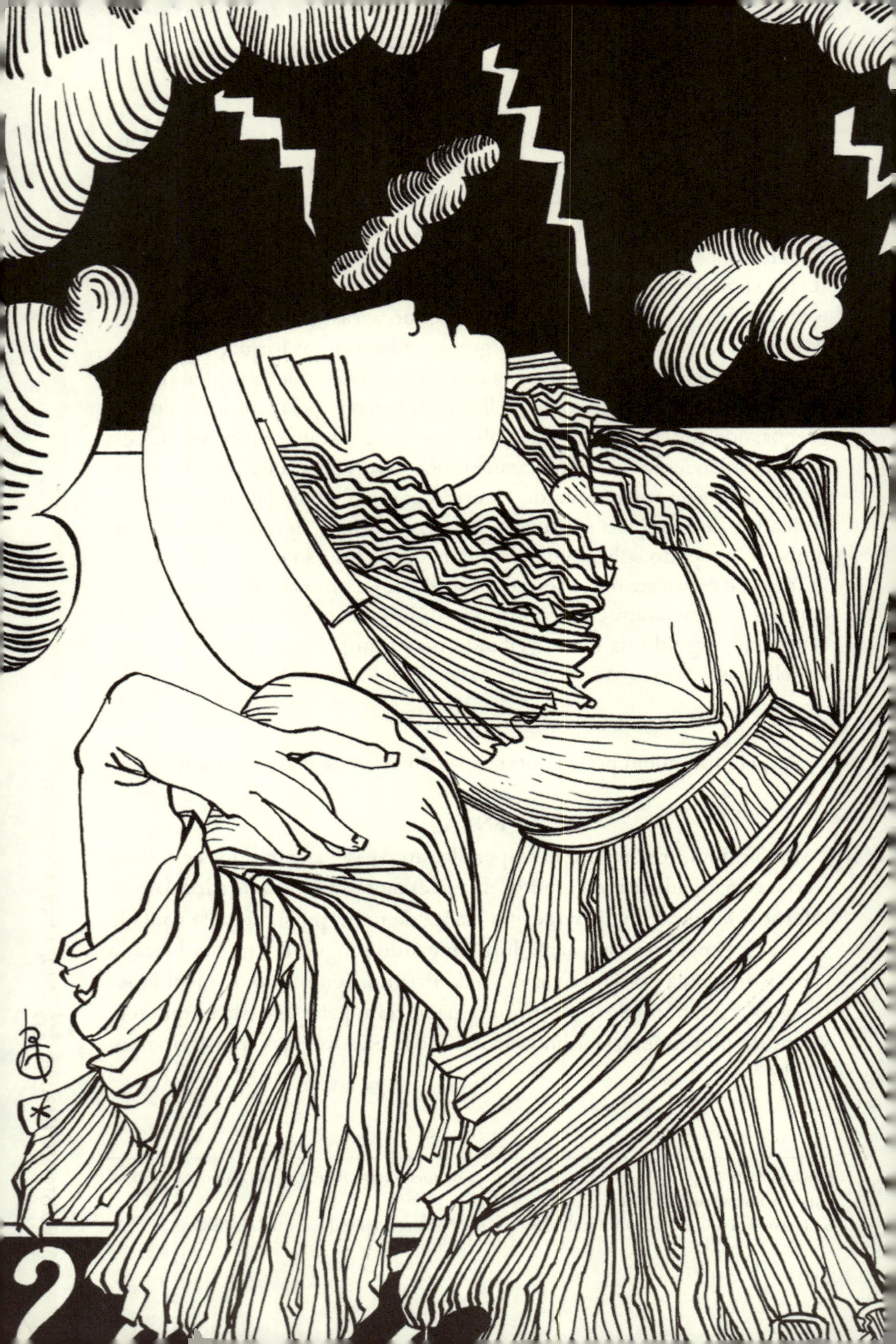

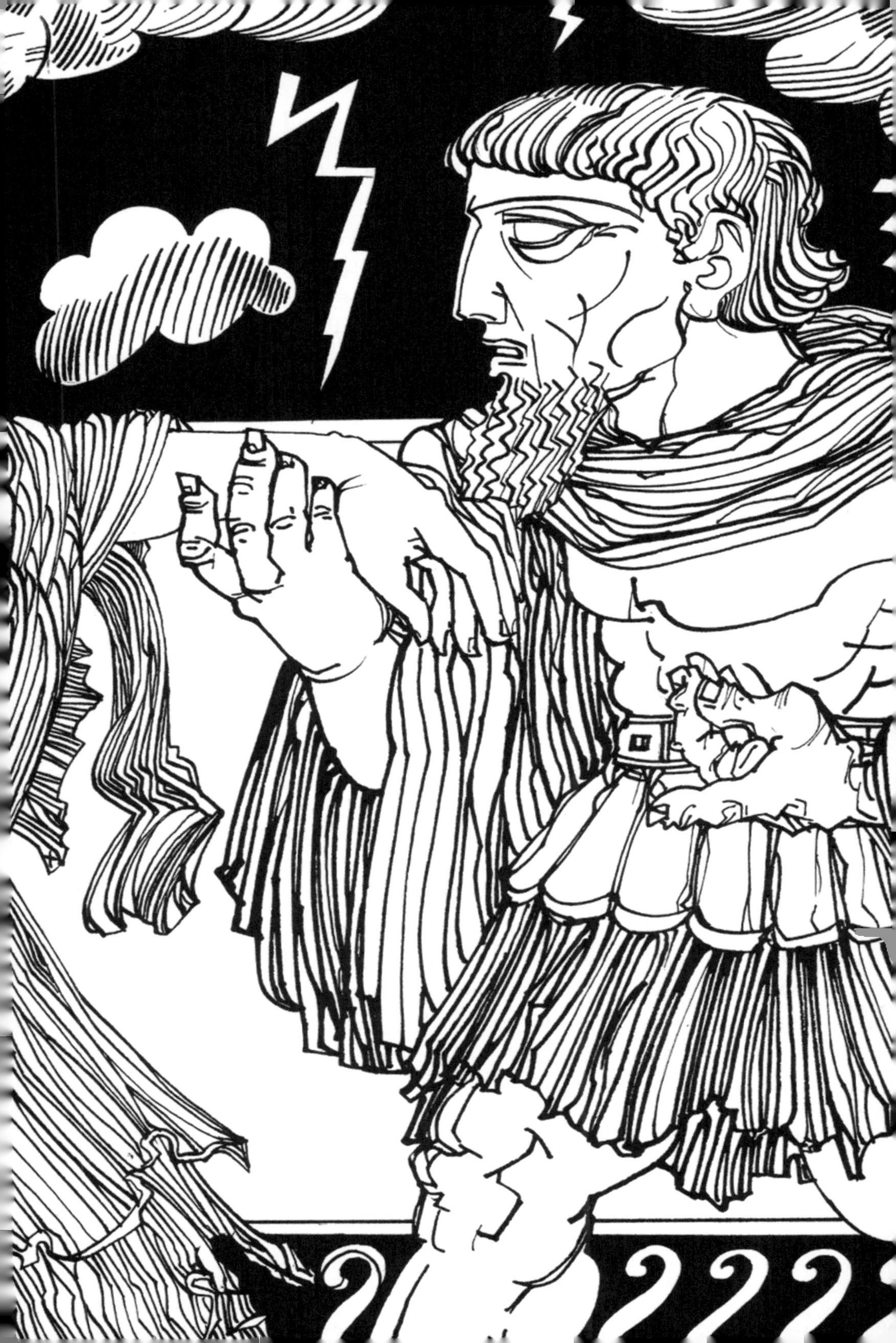

DIDO
Oh, e como pôde o pobre Enéas escapar de suas mãos?

ENÉAS
Minha mãe, Vênus, que sempre me protegeu, me ocultou de suas vis redes e cordas. Só assim pude escapar à fúria de Pirro, que então correu para o interior do palácio real, encontrando Príamo no altar de Júpiter, com Hécuba agarrada ao lívido pescoço do rei, os dedos dos dois entrelaçados, o coração de ambos batendo juntos, quando caíram ao chão. E Pirro, com a sua espada já erguida e com Megera[63] possuindo seu olhar, encarou-os, já os ameaçando de mil mortes dolorosas. Para ele, com voz trêmula, o rei ancião falou: "Filho de Aquiles, lembre-se de quem eu fui, pai de cinquenta filhos, e todos eles foram massacrados. Fui senhor de meu destino, mas agora o destino voltou-se contra mim. Fui rei desta cidade, mas minha Troia está em chamas. Agora, não sou mais pai, nem senhor, nem rei de nada. E mesmo assim alguém tão destroçado não deseja outra coisa senão viver. Ah, me deixe viver, poderoso Neoptólemo." Em nada comovido, e mesmo rindo das lágrimas de Príamo, aquele carniceiro viu as mãos do rei erguidas em súplica e, pisando sobre o peito dele, decepou-as.

DIDO
Oh, pare agora, Enéas! Não aguento escutar mais nada!

ENÉAS
Nesse momento, a desesperada rainha saltou sobre o rosto de Pirro e cravou as unhas nas pálpebras dele, prolongando assim um pouco mais a vida de seu marido. Então, os soldados a agarraram pelos calcanhares e, indiferente aos seus dolorosos gemidos, começaram a rodopiá-la no ar. Foram justamente seus gemidos que ecoaram no espírito de Príamo, que conseguiu, apoiando-se nos braços mutilados, erguer-se. E teria se atra-

---

[63] Uma das três Fúrias — as outras duas eram Aleto e Tisífone —, que personificavam a raiva e a vingança dos deuses. Uma vez perseguido pelas Fúrias ou por uma delas, nenhum mortal sobreviveria.

cado com o filho de Aquiles, esquecendo tanto a sua fraqueza quanto a falta de suas mãos. Mas o grego lhe deu uma pancada com sua espada, e o rei tombou novamente no chão. Então, do umbigo à garganta, Pirro estripou o idoso Príamo, e ao seu último suspiro a estátua de mármore de Júpiter franziu o cenho, como se condenasse Pirro por seu ato cruel. Ainda assim, sem se importar com nada, ele pegou a bandeira de seu pai, Aquiles, e mergulhou-a no sangue de Príamo, que já se coagulava, e então, em triunfo, correu para as ruas, não conseguindo, entretanto, passar por sobre os cadáveres dos homens chacinados. Assim, apoiando-se em sua espada, ficou ali assistindo ao incêndio que devorava a rica Ílion. A essa altura, pus meu pai em minhas costas e puxei meu filho. Pela mão, conduzi a linda Creusa, minha bem-amada esposa, e Achates abriu caminho para nós com sua espada. Estávamos cercados de gregos. Ah, foi então que perdi minha esposa, morta pelo inimigo. E se não tivéssemos lutado como homens não estaria aqui para contar esta história. Mas a nossa coragem de nada adiantou. Fomos obrigados a fugir e, já quando íamos para nossos navios, vimos Cassandra[64] estirada na rua, ela, a quem Ajax[65] estuprou no templo de Diana, suas faces inchadas das pancadas recebidas, seus cabelos arrancados do crânio. Eu a recolhi para levá-la conosco em nossos navios. Mas, de repente, os gregos estavam em nosso encalço e eu, por infelicidade, tive de abandoná-la. Finalmente, alcançamos nossos navios e, já quando estava a bordo, Polixena[66] gritou para mim: "Enéas, espere! Os gregos estão atrás de mim! Espere, leve-me com você!" Comovido por seu chamado, pulei para a água, pretendendo carregá-la nas costas para o navio, que agora já se afastava da praia. Mas, enquanto eu nadava buscando alcançá-la, os cruéis mirmidões a cercaram e Pirro logo a matou.

---

[64] Filha dos reis de Troia, ganhara de Apolo o dom da profecia. No entanto, por ter se recusado a se entregar ao deus, em agradecimento ao dom recebido, ele a amaldiçoou; assim, Cassandra poderia prever o futuro — como previu o fim de Troia —, mas, jamais, ninguém acreditaria em suas profecias.
[65] Um dos principais heróis, do lado dos gregos, na Guerra de Troia.
[66] Filha mais nova de Príamo e Hécuba.

DIDO
Oh, Enéas, pare agora. Tanta maldade me faz sufocar de tantas lágrimas!

ANNA
O que aconteceu com a idosa Hécuba?

IARBAS
E como Enéas alcançou de novo seus navios?

DIDO
E que fim teve Helena, por culpa de quem tudo isso aconteceu?

ENÉAS
Achates, fale, agora. A dor dessas lembranças me exauriu.

ACHATES
Não sabemos ao certo o que aconteceu com a rainha.[67] Escutamos que ela foi levada, prisioneira, para a Grécia. Quanto a Enéas, ele nadou com todo o vigor de que foi capaz e conseguiu chegar aos navios. Já Helena, ela traiu Deífobos,[68] que a tomou como amante, depois que Páris foi morto, e se reconciliou com Menelau.

DIDO
Ah, quem dera que essa prostituta amaldiçoada jamais tivesse nascido. Troianos, esse relato cruel me deixou entristecida. Vamos, então, pensar em algo que nos distraia para que eu possa me ver livre destes pensamentos melancólicos.

[Saem todos (exceto Ascânio). Entra Vênus (com Cupido), por outra porta, e ambos conduzem Ascânio pelo braço.]

---

[67] Hécuba foi morta, apedrejada pelos soldados gregos.
[68] Outro dos filhos de Príamo, irmão de Páris e de Heitor.

VÊNUS

Querida criança, venha aqui com a serva de Dido. Vou lhe dar amêndoas açucaradas, doces em conserva, um cinturão de prata e uma bolsa de ouro, e este jovem príncipe será seu companheiro de brincadeiras.

ASCÂNIO

Você é filho da rainha Dido?

CUPIDO

Sou, e minha mãe me deu de presente este belo arco.

VÊNUS

Dido dará de presente para Ascânio este mesmo arco, com sua aljava e suas flechas de ouro. Em nome de Dido, tomo você em meus braços e coloco esta pluma com lantejoulas cintilantes em seu chapéu. Coma os doces em meus braços, e eu cantarei para você.

[Ascânio adormece nos braços de Vênus.]

Ah, sem demora ele adormece, e neste bosque, entre verdes folhas, deixarei que fique deitado, rodeado de violetas, de doce perfume, rosas enrubescidas e jacintos de cor púrpura. As pombas brancas como o leite serão suas sentinelas. Se alguém se aproximar desejando fazer-lhe mal, imediatamente voarão até mim, e Vênus virá defendê-lo com seu temível punho cerrado. Agora, Cupido, tome a forma de Ascânio e vá até Dido, que o tomará em seu colo e brincará com você, e então você tocará o seio branco dela com a ponta desta flecha para que ela se abra totalmente ao amor de Enéas. Assim, o problema de meu filho será resolvido. Dido irá consertar os navios dele, irá fornecer suprimentos para seus soldados e lhe dará presentes tão ricos que de novo ele será um homem rico. Que ele, depois, parta finalmente para a Itália ou que permaneça em Cartago, onde também terá o seu trono.

CUPIDO

Farei isso, boa mãe, desempenharei bem o meu papel e saberei ferir o coração de Dido.

[Sai.]

VÊNUS

Durma, meu meigo neto, nestas sombras refrescantes, imune ao murmúrio dos riachos que correm, aos uivos dos animais, ao alarido das ventanias, ao roçar das folhas. Tudo nestes arredores deve ficar imóvel e silencioso, para que nada interrompa seu sono tranquilo até que eu retorne ao seu encontro.

[Sai.]

ATO III, CENA 1

[Entra Cupido, disfarçado de Ascânio.]

CUPIDO
Agora vou fazer a rainha de Cartago se enamorar de meu irmão, Enéas. Devo ocultar minha seta de ouro nas mangas de sua túnica, e de modo algum ela chegará a imaginar que sou o filho de Vênus. Quando Dido começar a acariciar-lhe, meigamente, a cabeça, tocarei seu seio e a conquistarei.

[Entram Iarbas, Anna e Dido.]

IARBAS
Por quanto tempo ainda, boa Dido, devo suspirar por você? Não é o bastante que você me garanta o seu amor, mas sim que eu desfrute daquilo que desejo, já que o amor que consiste apenas de palavras é uma criança.

DIDO
Iarbas, saiba que você, entre todos os meus pretendentes — e entre estes há muitos reis poderosos —, já obteve os maiores favores que sou capaz de conceder. Temo que eu, Dido, possa ser considerada leviana por toda a intimidade que lhe dei, embora os deuses saibam que nenhum pensamento libertino jamais habitou meu coração.

IARBAS
Mas são os favores de Dido que reivindico.

DIDO
Não tema, Iarbas, Dido será sua.

ANNA
Veja, irmã, o filho de Enéas brinca com suas vestes e a abraça.

CUPIDO
Não, Dido não me pegará em seus braços. Não sou o filho dela e ela não me ama.

DIDO
Não chore, meigo menino, você será o filho de Dido. Sente-se aqui em meu colo e deixe-me escutar você cantar.

[Cupido canta.]

DIDO
Chega, minha criança. Fale um pouco agora, conte-me onde aprendeu essa bela canção.

CUPIDO
Minha prima, Helena, ensinou-me, em Troia.

DIDO
Como é adorável o sorriso de Ascânio.

CUPIDO
E Dido me permitirá abraçar seu pescoço?

DIDO
Ah, sim, seu gozador, e lhe permitirá também dar-lhe um beijo.

[Cupido a abraça e beija, e, disfarçadamente, fere o seio de Dido com a seta dourada.]

DIDO
Mas o que foi isso? Que dor é essa em meu peito?

CUPIDO

Pronto! Está feito!

DIDO

Ora, já passou!

[Iarbas a puxa de lado.]

IARBAS

Venha, Dido, deixe aí o menino e vamos caminhar!

DIDO

Vá você, Ascânio permanecerá comigo.

IARBAS

Rainha cruel, é assim que você me ama?

DIDO

O que está esperando, Iarbas? Você não é o meu amor.

IARBAS

Iarbas morre ao ver Dido abandoná-lo.

DIDO

Não, viva, Iarbas. Você fez por merecer que eu lhe dissesse "você não é o meu amor"? Algo você fez. Vá, eu digo! Saia de Cartago. Não volte a aparecer diante de mim.

IARBAS

Mas não sou eu o rei da rica Gaetúlia,[69] aquele que tanto a ajudou a construir sua nova capital, Cartago?

---

[69] Atual Marrocos. Iarbas, agora desdenhado por Dido, sob a influência de Cupido, teria ajudado bastante Dido a construir sua Cartago.

DIDO
Iarbas, perdoe-me, espere um pouco ainda.

CUPIDO
Minha mãe, olhe aqui!

[Cupido a abraça novamente.]

DIDO
[De novo com raiva de Iarbas.] Por que você vem me falar da rica Gaetúlia? Está me cobrando pela ajuda que me deu? Parta agora mesmo!

IARBAS
Parto, então, para obedecer aos caprichos do meu amor. Mas não parto apenas de Cartago, mas de mil mundos também.

DIDO
Iarbas!

IARBAS
Dido me chama de volta?

DIDO
Não, mas lhe ordena que não ponha mais os olhos sobre mim.

IARBAS
Então, arranque ambos os meus olhos ou me deixe morrer.

[Sai.]

ANNA
Por que Dido mandou Iarbas ir embora?

DIDO
Porque sua aparência abominável ofende meus olhos, e meu coração agora é o altar de um novo amor. Oh, Anna, você sabia como é doce o amor? Se soubesse, logo renegaria essa vida de solteira.

ANNA
Oh, minha pobre alma, sei muito bem da amargura do amor. [À parte.] Oh, gostaria que Iarbas não tivesse senão desejo por mim.

DIDO
Não acha Enéas um homem belo e agradável?

ANNA
Sim, e Iarbas, um tolo sem qualidades.

DIDO
Ele não guarda eloquência em todas as palavras que pronuncia?

ANNA
Sim, enquanto Iarbas é simplório e rude.

DIDO
Não fale mais de Iarbas. Diga-me, boa Anna, não será Enéas digno do amor de Dido?

ANNA
Ah, minha querida irmã, mesmo que você fosse a imperatriz do mundo, Enéas ainda mereceria o seu amor. Ele é tão adorável que, aonde quer que vá, as pessoas se aglomeram para contemplar seu rosto.

DIDO
Oh, ordene a todos esses que ninguém além de mim deve olhar para ele. Temo que seus rudes olhares manchem as faces do meu amado. Minha boa irmã, Anna, vá buscá-lo, mas já temo que estes doces pensamentos me provoquem lágrimas copiosas.

ANNA
Então, irmã, você rejeita o amor de Iarbas?

DIDO
Você precisa fazer com que eu escute de novo esse nome detestável? Corra, vá buscar Enéas ou eu mesma irei voando para os braços dele.

[Sai Anna.]

CUPIDO
Você não machucará o meu pai quando ele chegar?

DIDO
Não, de modo algum, eu o amo muito. Oh, Dido, tão tolamente orgulhosa, que até agora não havia reparado a beleza de Enéas. E agora, como castigo por essa omissão, vou fazer de seus cabelos dourados braceletes para mim; seus olhos cintilantes devem ser meu espelho; seus lábios, meu altar, ao qual oferecerei tantos beijos quantos forem os grãos de areia das praias batidas pelo mar; em vez de música, quero somente escutá-lo falar; suas faces serão meu único livro, e você, Enéas, será o maior tesouro de Dido, e em seus belos seios eu guardarei trancada mais riqueza do que poderiam lhe dar vinte mil Índias. Ah, aí vem ele. Amor, amor, permita a Dido que se contenha e seja mais recatada do que seus pensamentos o admitem, a não ser que eu queira escandalizar o mundo inteiro.

[Entram Enéas, Sergestus, Ilioneus e Cloanthus.]

DIDO
Achates, Cartago lhe agrada?

ACHATES
Muito, e meu senhor Enéas também está encantado.

DIDO
Enéas, você está aí?

ENÉAS

Já tanto recebi das mãos de Dido que, sem me enrubescer, nada mais posso pedir. No entanto, Rainha da África, todos os meus navios perderam os cordames, minhas velas se rasgaram ao sol e ao vento, meus remos se partiram e minhas talhas estão quebradas. Sim, meus navios se quebraram contra as rochas e baixios, nenhuma âncora ou leme lhes restou; os mastros, os vendavais em fúria derrubaram todos nos conveses. Se com generosidade Dido nos auxiliar, vamos considerá-la para sempre como salvadora de nossas vidas.

DIDO

Enéas, vou mandar reparar os navios troianos, mas com a condição de que você fique comigo e deixe que Achates navegue para a Itália. Para você, mandarei fabricar talhas de ouro filigranado, incrustado na casca das árvores odoríferas, e remos de marfim maciço pelos quais a água vai se deleitar em passar. Suas âncoras deverão ser lapidadas de cristais de rocha e, se você as perder, elas reluzirão acima das ondas; os mastros de onde deverão pender suas velas infladas serão pirâmides feitas de placas de prata; as velas serão do mais delicado linho e nelas deverão estar estampadas as guerras de Troia, mas não a sua derrota. Como lastro, leve o tesouro de Dido, peguem tudo o que desejar, mas deixem Enéas aqui. Achates, você será tão ricamente vestido que as ninfas nascidas no mar virão pairar como enxames em volta dos seus navios, e lascivas sereias o cortejarão com suas canções mais doces, com meneios e promessas de favores de valor mais soberano do que os de Tétis, quando esteve pendurada ao pescoço de Apolo. E tudo isso se Enéas ficar comigo.

ENÉAS

E por que Dido quer que Enéas fique aqui?

DIDO

Para comandar a guerra contra os meus inimigos, vizinhos deste meu país. Enéas, não pense que Dido está apaixonada, porque, se algum homem fosse capaz de me conquistar, eu já teria me casado muito antes de Enéas ter chegado aqui. Veja, ali estão os retratos pintados de meus pretendentes. Não são os mais belos homens que já se viu?

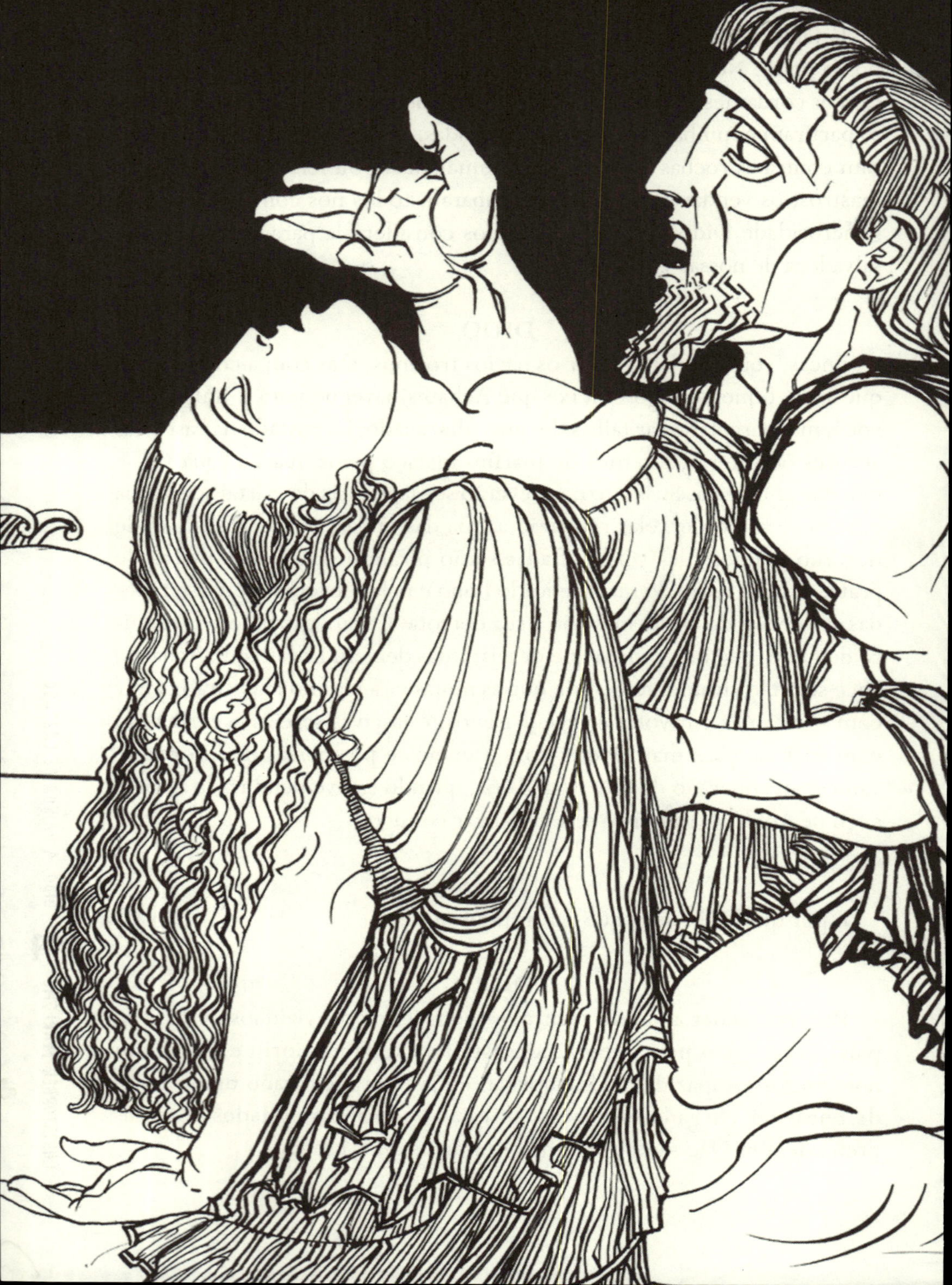

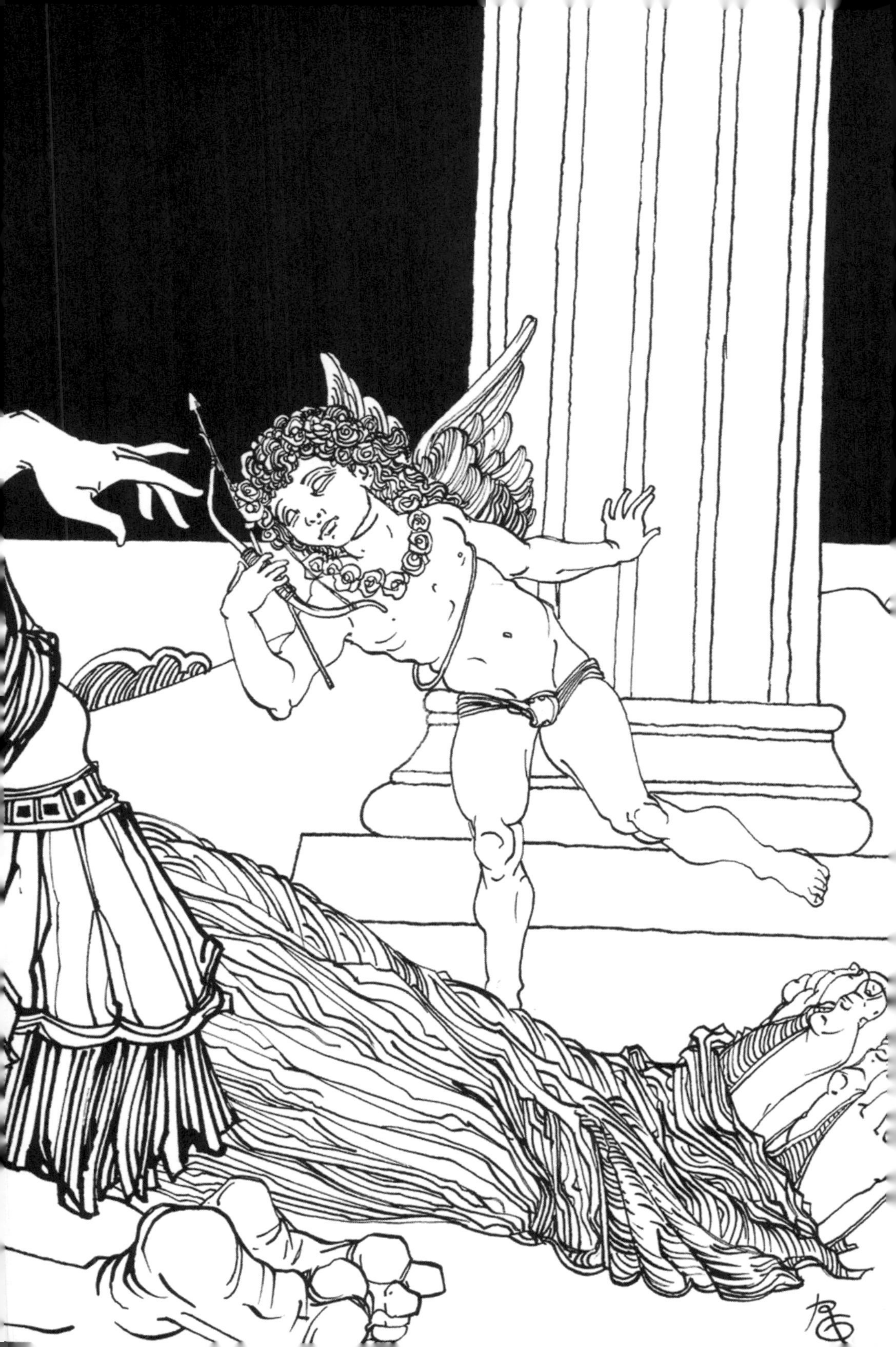

ACHATES
Conheci esse homem em Troia antes de a cidade ser saqueada.

ENÉAS
E eu conheci aquele na Grécia antes de Páris ter raptado Helena.

ILIONEUS
Este homem aqui e eu estivemos nos Jogos Olímpicos.

SERGESTUS
Eu reconheço este rosto, é de um natural da Pérsia e viajei com ele até a Etólia.

CLOANTHUS
E eu estive em Atenas com este nobre senhor, também disputando jogos com ele, se não me engano.

DIDO
Mas fale, Enéas, não conhece nenhum desses homens?

ENÉAS
Não, minha senhora, mas, pelo aspecto deles, posso dizer que são todos reis.

DIDO
Estes e outros, que não cheguei a receber, assediaram incansavelmente o meu amor. Alguns vieram até aqui pessoalmente, outros mandaram representantes. Mas nenhum me conquistou. Estou livre em relação a todos e, assim sabem os deuses, completamente apaixonada por um homem. Este era um orador e pensou que suas palavras poderiam me seduzir, mas se enganou. Este nobre espartano era vaidoso e desregrado, mas suas fantásticas variações de humor não me agradaram. Este era Alcion, o músico, e a quem, embora jamais tivesse tocado tão docemente, quando tocou para mim, eu o mandei partir. Este era o rico rei da Tessália, mas eu já possuo todo o ouro que desejo, e o dispensei. Este era

filho de Meleagro, um príncipe guerreiro, mas armas não apetecem a delicadeza de meus tenros anos. Os demais são o que todos já se cansaram de saber. Ainda assim, juro, pelos céus e por aquele a quem eu amo, em relação a eles estive tão longe do amor quanto eles do ódio.

ENÉAS

Ah, feliz daquele que for amado por Dido.

DIDO

Então, nunca diga que você é um infeliz, porque pode ser você aquele que terá o meu amor. No entanto, não se envaideça disso, por enquanto, porque eu não o amo. Mas também não o odeio. [À parte.] Ah, se eu falar demais, vou terminar me traindo. [Para Enéas:] Fale, Enéas! Vamos nós dois, juntos, para uma caçada na floresta. E meu convite não é tanto para entreter você — afinal, você é somente um —, é mais para alegrar Achates e seus homens.

ATO III, CENA 2

[Entra Juno; Ascânio está dormindo.]

JUNO
Aqui dorme o objeto do meu ódio, o rebento de Enéas, o menino que a traiçoeira Destino tanta aprecia, o herdeiro da Fama, o favorito das deusas da Fortuna, esse demoniozinho feio que sobreviverá à minha ira e manchará a minha divindade. Mas, agora, vou revirar os rumos e apagar o registro eterno do tempo. Troia não mais poderá chamá-lo de sua segunda esperança, nem Vênus tirará triunfo de sua tenra juventude. Porque aqui e agora eu o matarei, e sua morte levará à luta entre os que hoje se tratam como amigos. Diga, Páris, quem deve receber o Pomo? Quem é a mais linda entre as deusas? Vênus? Diga, Vingança, Ascânio não deve morrer? Oh, não! Os deuses bem o sabem que não posso ficar impassível, vendo o tempo correr, nem posso perder oportunidades de quitar injúrias com ameaças tão gastas! Ora, acontece que sou muito ingênua, sem um espírito malicioso, e não sinto alegria em provocar o sofrimento em meus inimigos. Mas o lascivo Júpiter vai descobrir quem é a deusa principal da cidade de Ramnunte.[70]

[Entra Vênus.]

VÊNUS
Mas o que significa isso? Minhas pombas foram até mim avisar de um grande perigo prestes a ceifar a amada vida de meu neto Ascânio. Juno, minha inimiga mortal, o que faz aqui? Vá embora, bruxa velha, não se ponha no meu caminho!

---

[70] Nêmese, a deusa da vingança, cujo santuário mais famoso ficava em Ramnunte, perto da cidade de Maratona.

JUNO

Ora, ora, minha cara Vênus, palavras de uma ira tão vã jamais deveriam macular essa sua boca! Não nascemos ambas da raça celestial? Não comemos ambas, como irmãs, à mesma mesa dos outros deuses? Por que então um atrito deve apartar aquelas a quem o parentesco e a convivência reúnem?

VÊNUS

Fora daqui, megera odiosa! Você teria assassinado meu neto, se minhas pombas não tivessem descoberto suas intenções. Mas arrancarei os olhos de seu rosto e alimentarei os pássaros com seus globos, ainda vertendo sangue, se ousar tocar um dedo que seja em meu garoto.

JUNO

É esta então a gratidão que recebo por tê-lo salvo das presas de víboras e serpentes que o teriam morto, dormindo ainda, do jeito que está agora? Já não importa a injúria que sofri de seu filho e que eu tenha lançado sobre ele muitos infortúnios nos mares e terras. Já não penso na decisão de Páris no baile celestial[71] ou que tenha invocado todos os vendavais para provocar seu naufrágio e todos os elementos para atormentá-lo. Agora, arrependo-me desses meus atos tão brutais. Desejaria jamais tê-lo prejudicado.

[À parte.] Sim, para que iniciar uma guerra entre deusas que durará toda a eternidade? Melhor voltar atrás em meu ódio e desistir de toda vingança. Não há sentido, vejo bem isso agora, em lutar contra a deusa Destino, que possui tantos invencíveis aliados. Portanto, é melhor plantar o amor onde antes a inveja vicejava.

---

[71] Coube a Páris decidir a quem deveria ser entregue o *Pomo da Discórdia*, elegendo assim a *mais linda* das deusas presentes num baile. O Pomo estava sendo disputado por Juno, Minerva e Vênus. Páris decidiu em favor de Vênus, que em troca lhe prometeu o amor da mais bela mulher do mundo — Helena. E esse foi o início da tragédia de Troia.

VÊNUS

Irmã e esposa de Júpiter, se o seu amor é tão sincero quanto esses protestos proclamam, nós duas, como amigas, deveremos compartilhar de uma mesma felicidade. Em seu seio, Juno, Cupido deve então assestar suas setas e num cetro transformar suas flechas de ouro. A sedução e a modéstia devem se tornar companheiras, e seu belo pavão coabitar com minhas pombas. Ame, então, meu Enéas, e será capaz de despertar o meu desejo: o dia, a noite, meus cisnes, minhas carícias, tudo isso será seu.

JUNO

Suas palavras são mais do que melodiosas para mim e envolvem minha alma em contentamento. Vênus, meiga Vênus, como posso merecer favores tão adoráveis de suas lindas mãos? Mas, para que você perceba mais intensamente o quanto prezo sua amizade, escute meu juramento de fidelidade eterna. Seu filho, você sabe, está agora com Dido e alimenta seus olhos com as benesses da corte da rainha de Cartago. Ela vive agora para admirá-lo, não consegue mais falar nem pensar em nada senão nele. Por que não devem então se unir em matrimônio e gerar poderosos soberanos para este reino?[72] A eles que o desastre causado pelos mares tornou tão próximos. Então, Vênus, permita que a união desses dois seres seja confirmada, eles que se amam com intensidade tão semelhante, e ambas as nossas divindades, reunidas numa só, deverão derramar a felicidade sobre seu trono.

VÊNUS

Bem que me agradam os termos desse nosso reatamento, mas temo que meu filho jamais os aceitará. Sua alma guerreira já navega em pleno mar e antevê o brilho do litoral da terra de Lavínia.[73]

---

[72] Deve ser lembrado que Juno será sempre a deusa do matrimônio, do amor conjugal e da fidelidade entre os esposos. De fato, Juno era uma deusa venerada entre as mulheres casadas e aquelas que almejavam o casamento na Grécia antiga.
[73] Lavínia, filha de Latino, rei de Latium, iria se casar com Enéas quando este chegasse à Itália.

JUNO

Linda deusa do amor, afastarei essas dúvidas e descobrirei um modo de lhe dispersar as preocupações. Agora mesmo, eles estão caçando juntos, a cavalo, pelos bosques nos arredores das muralhas da cidade. Assim, enquanto se entretêm na caçada, farei as nuvens dissolverem-se em chuva e encharcarem a morada de Silvano.[74] Então, numa certa caverna, se verão juntos a rainha e Enéas, e trocarão palavras, sentimentos, que logo selarão juntos o coração de ambos, de acordo com nossos propósitos.

VÊNUS

Minha irmã, você é a salvadora de minhas esperanças. Que seja como você determinou. Nesse meio-tempo, Ascânio ficará sob meus cuidados. Vou carregá-lo em meus braços para o Ida, na ilha de Chipre, e ele se deitará lá sobre as anêmonas púrpura de Adônis.[75]

[Saem.]

---

74 Deus menor das florestas.
75 Jovem de grande beleza da cidade de Biblos — na Fenícia, atual Líbano —, foi atacado por um javali e morto. Vênus, então, o transformou nas anêmonas.

ATO III, CENA 3

[Entram Dido, Enéas, Anna, Iarbas, Achates, Cupido como Ascânio e a escolta.]

DIDO
Enéas, eu lhe concedi a honra de acompanhá-lo pessoalmente na caçada. Como vê, meus trajes reais foram postos de lado, substituídos em sua pompa pela túnica de Diana. Somos assim companheiros, vestidos da mesma maneira para a caçada. As florestas são extensas e nos oferecem fartura de animais. Belo troiano, segure por um instante meu arco de ouro, para que eu pendure a aljava no meu ombro. Meus nobres, vão na frente. Enéas e eu precisamos conversar a sós.

IARBAS
[À parte.] Mas que grosseria, como ela pode tratar Iarbas desse modo? Morrerei antes de permitir que um estranho a conquiste. "Precisamos conversar a sós" — e que conversa seria essa?

DIDO
O que faz Iarbas aqui entre os demais? Melhor estaríamos sem a sua companhia.

ENÉAS
Talvez seja por amor ou por um dever qualquer que ele se atreve a continuar a se impor aos seus olhos, minha rainha.

IARBAS
Por que diz isso, homem de Troia? Serei eu uma ofensa aos seus olhos? Ou se ressente com a proximidade de homens melhores do que você?

DIDO
Ora, gaertuliano, de repente eis que você se tornou tão corajoso que nos desafia com as suas comparações? Pobre infeliz, vá procurar gente de sua laia como companhia e não perturbe pessoa nenhuma de quem eu goste. Enéas, não se incomode com o que ele diz, ele está fora do seu juízo.

IARBAS
Mulheres podem proferir ofensas, como privilégio de serem amadas, mas se qualquer pessoa que não Dido tivesse se dirigido a mim nesses termos injuriosos, ou eu haveria de beber seu sangue, ainda quente, ou morreria, enfrentando meu rival.

DIDO
Caçadores, por que não tratam logo de sua tarefa e fazem logo o gamo de pés ligeiros sair de seu esconderijo?

ANNA
Irmã, veja como Ascânio parece garboso, brandindo bravamente sua lança de caça nas mãos.

DIDO
Sim, meu filho, como você parece corajoso!

CUPIDO
Ah, minha mãe, um dia me tornarei um homem e muito hábil nas armas. Enquanto isso, estas armas de caça servem bem à minha guerra, e vou enfiar esta lança entra as mandíbulas de um leão.

DIDO
Como? Você ousaria olhar um leão frente a frente?

CUPIDO
Claro, e também poderia fazê-lo baixar os olhos diante de mim, seja lá o que ele fizesse.

ANNA
Mas ele fala justamente como o pai.

ENÉAS
E possa eu viver para vê-lo saquear a rica Tebas e cravar em sua lança a cabeça de muitos príncipes gregos, e que eu possa então descansar com meus ancestrais no túmulo de Anquises, meu pai, e morrer honrando aqueles que me criaram.

IARBAS
E que eu possa viver para ver os seus navios a distância, no alto das hediondas montanhas líquidas de Netuno. Então, que eu esteja nos braços da bela Dido e tão imune quanto um morto ao desprezo que tanto me atormentou.

ENÉAS
Parem, amigos! Achates, você não reconhece este lugar?

ACHATES
Se me lembro bem, foi aqui que encontramos a bela Vênus, disfarçada de donzela, carregando um arco e a aljava de flechas.

ENÉAS
Oh, como estes episódios tão penosos agora me distraem e alegram. Quem não aceitaria passar por todo tipo de infortúnio para ter tão bela história para contar nas noites de inverno?

DIDO
Enéas, deixe de lado esse abatimento e vamos em frente. Alguns, para as montanhas. Outros, para a planície. Você, para os vales, e você [para Iarbas], de volta para casa.

[Saem todos, menos Iarbas.]

IARBAS

É isso o que me fere de morte. Ver um frígio, aqui despejado pelo mar, ganhar preferência sobre um homem de sangue real. Ah, o amor! Ah, o ódio! Ah, a crueldade do coração das mulheres que imitam em tudo as fases da lua e, assim como os planetas, amam suas oscilações. O que devo fazer, vítima de tal desprezo? Devo me vingar em Enéas ou nela? Nela? Ah, homem tolo, que estava para se pôr em luta contra os céus e que com uma lança provoca a reação de dez mil dardos. O extermínio desse troiano será o propósito de todo o meu ciúme. Seu sangue me trará de volta a alegria e embebedará o amor do doce desejo. Mas Dido, que agora o trata com tanto carinho, morrerá apenas ao saber de sua morte. Ora, o tempo interromperá a sua felicidade para depois moldar seu espírito para novos prazeres. Oh, deuses nos céus, façam a mão do destino girar para esse dia tão feliz e que tanto anseio. E então — e então? Iarbas não poderá senão amar. É o que faz agora, porque o amor rivaliza com sua dor e não cessará até que ele esteja morto.

[Sai.]

ATO III, CENA 4

[A tempestade. Entram Enéas e Dido na caverna.]

DIDO
Enéas!

ENÉAS
Dido!

DIDO
Conte-me, amor querido, como você encontrou esta caverna?

ENÉAS
Por acaso, querida rainha, como aconteceu com Marte e Vênus.[76]

DIDO
Oh, é como estar numa rede, na qual estamos soltos, mas ainda assim não estou livre. Ah, como queria estar livre!

ENÉAS
Ora, o que, dentro dos limites do poder humano, pode Dido querer que não obtenha?

DIDO
Aquilo que morrerei antes de pedir e que ainda assim desejo ter antes de morrer.

---

[76] Vênus traiu seu marido, Urano, o ferreiro dos deuses, com Marte, o deus da guerra.

ENÉAS

Não é nada que Enéas possa lhe dar?

DIDO

Enéas? Não, embora seus olhos sejam tão penetrantes.

ENÉAS

Ora, será que Iarbas a transtornou tanto assim? E ela se vingará, tomando-lhe a vida?

DIDO

Ele não chegou nem mesmo a me aborrecer, a não ser por ter aborrecido você.

ENÉAS

Quem, então, tão cruel assim será ele, que prende os seus olhos nos defeitos que ele tem?

DIDO

É o homem que eu olho onde quer que esteja, cujo rosto amado resplandece em chamas, como se fosse Apolo, deus que comanda o trajeto do Sol nos céus, logo que derrama seus raios na cama de Flora.[77] É Prometeu[78] sob a forma de Cupido, e estou destinada a perecer em seus braços ardentes. Enéas, oh, Enéas, apague estas chamas.

ENÉAS

O que aflige minha rainha? Ela caiu doente de repente?

---

[77] Deusa das plantas silvestres.
[78] Titã, criador da espécie humana, vidente. Foi acorrentado por Júpiter às montanhas do Cáucaso e submetido ao martírio de ter uma ave dos infernos devorando seu fígado todos os dias — o órgão renascia à noite — por se recusar a revelar a Júpiter o segredo que garantiria a continuidade do poder do Senhor dos Deuses. Ver, nesta coleção, *Prometeu Acorrentado*, de Ésquilo.

DIDO
Doente, não, meu amado, mas em doença devo disfarçar o tormento que não posso revelar. Ainda assim, confessarei. Ainda assim, resgatarei minha paz; não importa o quanto isso me envergonhe, vou revelar meu sofrimento. Enéas, você é esse homem — oh, o que eu disse? Foi alguma coisa que já esqueci.

ENÉAS
Boa Dido, o que significam essas palavras tão ambíguas?

DIDO
Nada, nada. Enéas não me ama.

ENÉAS
Enéas nunca teria a pretensão de alcançar a tais alturas como o coração de Dido, até onde mesmo monarcas não podem chegar.

DIDO
Mas se isso acontece é porque até hoje não encontrei um rei que seja como você, cuja coroa dourada possa serenar meus desejos; mas, agora que encontrei a quem amar, ele prefere a glória de fundador de impérios e a aventura a mim, e irá se apresentar em sua beleza aos olhos das sereias, e não a Dido, que morre por ele.

ENÉAS
Se Vossa Majestade pode rebaixar tanto assim o seu olhar, a ponto de enxergar minhas desprezíveis qualidades, que rejeitam qualquer louvor, com esta minha mão eu lhe entrego meu coração e juro pelos deuses da hospitalidade, pelos céus e pela terra, pelos meus antepassados e pelo púrpura oceano, do qual minha radiante mãe descende, por esta espada que me salvou dos gregos, sim, eu juro que jamais abandonarei estas muralhas recém-erguidas, enquanto Dido viver e reinar sobre a cidade de Juno. Juro jamais amar ou mesmo gostar de outra mulher senão ela.

DIDO

Mas que melodia é essa, mais linda do que a de Apolo em Delos,[79] que escuto agora? E que chama meu espírito do seu trono vivo para dançar nos acordes do prazer? Divinas nuvens, que enviaram sobre nós tão benfazeja tempestade, que fizeram o desdém saltar para o colo da sedução. Venha, meu amor, em meus braços conquiste a sua Itália, cuja coroa e reino estarão submetidos ao seu comando. *Sichaeus*, e não *Enéas*, será você chamado; o *Rei de Cartago*, e não o *filho de Anquises*. Aqui, tome estas jóias em suas mãos tão amadas, estes braceletes de ouro, esta aliança de casamento, com a qual meu marido cingiu-me, quando ainda era uma donzela, e torne-se assim, por este meu presente, rei da Líbia.

[Saem da caverna.]

---

79 Ilha mítica onde nasceu Apolo.

ATO IV, CENA 1

[Entram Achates, Cupido com Ascânio, Iarbas e Anna.]

ACHATES
Algum homem já presenciou uma tempestade tão súbita? Ou um dia tão límpido se tornar fechado tão de repente?

IARBAS
Pressinto que alguma divindade feiticeira agiu aqui, alguém que pode controlar as nuvens, à sua vontade, e servir-se do negro tesouro das tormentas quando quer cobrir o mundo de uma máscara de nuvens.

ANNA
Em toda a minha vida, jamais vi algo assim. Chove granizo, cai neve, explodem os relâmpagos e tudo isso ao mesmo tempo.

ACHATES
Acho que somente na noite de festa dos demônios pode ocorrer tanto tumulto nos céus. Sem dúvida, o eixo em torno do qual Apolo faz girar o sol se partiu. Ou então o idoso Atlas[80] teve seu ombro deslocado. Só assim teríamos uma tormenta tão brutal.

IARBAS
Mas, em meio ao tumulto, onde deixamos a rainha?

---

[80] Um dos titãs derrotado por Júpiter, na guerra em que este conquistou a posição de senhor de todos os deuses. Seu castigo foi carregar o mundo nas costas.

CUPIDO
Ora, não adivinha? Com meu pai, o grande guerreiro.

ANNA
Olhem, lá estão eles, saindo juntos de uma caverna.

IARBAS
Saindo de uma caverna? E os céus suportam assistir a essa cena? Iarbas, amaldiçoe esse Júpiter incapaz da vingança, que perdeu seus dardos de fogo para Tifão[81] e que no antro do vulcão os deixa adormecidos, enquanto esses adúlteros se excedem no pecado. Ah, natureza, por que não me fez uma besta venenosa, que com minhas presas afiadas os teria prostrado na terra, enquanto se divertiam dentro dessa caverna escura?

[Entram Dido e Enéas.]

ENÉAS
A tempestade passou, o ar está limpo e o vento sul silenciou-se. Venha, Dido, vamos voltar depressa para a cidade, já que o sombrio Éolo[82] não mais está zangado.

DIDO
Achates e Ascânio, que bom encontrá-los.

ENÉAS
Boa Anna, como vocês escaparam da tempestade?

ANNA
Como outros fizeram, correndo para debaixo das árvores.

---

[81] Terrível gigante que, em outro episódio da guerra dos deuses, chegou a mutilar Júpiter, cortando-lhe os tendões dos braços e dos pés, e aprisioná-lo, e que teria triunfado se o grande deus não recebesse ajuda — Hermes e Pã (este, deus dos campos e dos pastores, tinha pés de bode e uniu-se a Dionísio, ou Baco, na conquista da Índia) recuperaram os tendões de Júpiter, que terminou matando Tifão.

[82] Deus dos ventos e filho de Netuno, o senhor dos mares.

DIDO
E onde esteve você, enquanto isso, Iarbas?

IARBAS
Não foi com Enéas, nessa medonha caverna.

DIDO
Vejo que Enéas não sai dos seus pensamentos, mas logo tomarei providências para acabar de vez com suas esperanças.

[Saem.]

ATO IV, CENA 2

[Entra Iarbas para o sacrifício.]

IARBAS

Venham, servos, venham, tragam o sacrifício para que eu possa aplacar o sombrio Júpiter, cujos altares vazios aumentaram nossos padecimentos. [Servos trazem o sacrifício e saem.] Eterno Júpiter, grande senhor das nuvens, pai da alegria e de todos os pensamentos contentes, que com sua severa mão disciplina os céus, onde orgulhosas criaturas vivem em disputas, me escute! Oh, escute Iarbas, suas preces e súplicas, cujos ecos fazem gemer o firmamento e todas as florestas de *Eliza*[83] estremecerem! A mulher que você destinou para nós, e que vagava por nossas fronteiras, até decidir-se por um lugar onde mandou erguer uma cidade, justamente esta Cartago, tão nova e rica, graças a mim. Essa mulher, Dido, aquela com quem dividimos nossas leis, nossas terras e todos os frutos de sua fertilidade, desdenha agora de nosso amor e dos ritos reais do matrimônio, depois de estar prometida a mim. Ela agora dirige sua beleza para o leito de um estrangeiro, que só lhe trará vergonha e que depois partirá daqui sem hesitação. Agora, se você é verdadeiramente um deus piedoso e de grande poder, do qual poderemos sempre esperar compaixão e severidade, conserte essa situação e mande Enéas de volta para seus navios, ele que só me atormenta com seus olhos sedutores.

[Entra Anna.]

---

[83] Trata-se de um outro nome de Dido, mas também de uma referência à rainha da Inglaterra, à época Elizabeth I, que não deve ter apreciado ser colocada no lugar de uma soberana tragicamente apaixonada como Dido.

ANNA

Então, Iarbas! Tão empenhado assim em suas preces?

IARBAS

Anna! Posso ajudá-la em alguma coisa?

ANNA

Não... Nada que seja tão importante! Pode ficar para outro momento. Mas, se você me contasse o que o faz orar assim com tanta devoção, eu ficaria agradecida.

IARBAS

Estou rezando contra esse troiano, que está tentando roubar de mim o amor de sua irmã e penetrar o coração dela, com sonhos fantasiosos.

ANNA

Mas, que tristeza! Pobre rei! É uma causa perdida pedir por ela aos deuses. Dido desdenha do sofrimento de Iarbas. Ouça meu conselho e procure outro amor, alguém disposto a lhe entregar o coração e lhe trazer conforto.

IARBAS

Meus olhos estão fixados onde o amor não pode surgir. Oh, deixe-me, deixe-me com estes meus silenciosos pensamentos, que ressoam com os acordes da minha dor, e eu ou inflamarei minha insensatez, ou apagarei de vez esses mesmos olhos com abundantes lágrimas, antes que a vaga do meu sofrimento possa refluir.

ANNA

Não vou deixar Iarbas, a quem amo, se comprazendo em tanta autocomiseração. Para longe, Dido! Que Anna seja sua canção — Anna, que o admira mais do que ao firmamento!

IARBAS

Não posso e não quero envolver-me em tal mudança de sentimentos que agridem o curso do meu desejo. Servos, venham levar daqui estes jarros vazios porque fugirei destes olhos sedutores que me roubam a paz e me perseguem aonde quer que eu vá.

ANNA

Iarbas, fique! Amado Iarbas, fique comigo! Tenho o mel das oferendas aos deuses para lhe dar. Seu coração endurecido não vai se dignar de me escutar? Mas, mesmo assim, eu o seguirei com meus gritos e espalharei meus cabelos desgrenhados sobre o caminho pelo qual você for passar.

[Saem. Entram os servos e levam embora os jarros.]

ATO IV, CENA 3

[Entra Enéas.]

ENÉAS

Cartago, minha generosa anfitriã, adeus. O destino me convoca a abandonar seu litoral. Esta noite, Mercúrio, surgindo a mim num sonho, ordenou que eu parta para a fértil Itália. É o desejo de Júpiter, assim como o de minha mãe. Se a minha fenícia[84] permitir, partirei, mas, mesmo que ela não o permita, partirei também. Meu destino dourado, sufocado pelo conforto da corte, não ascenderá à fama imortal, nem se banqueteará no reluzente e suntuoso salão da honra, até que eu tenha atravessado os reinos transparentes de Netuno e vencido a inominável altura de suas montanhas. Achates, adiante. Sergestus, Ilioneus, Cloanthus, depressa! É Enéas quem chama!

[Entram Achates, Cloanthus, Sergestus e Ilioneus.]

ACHATES
Por que nos chamou, meu senhor?

ENÉAS
Por causa dos sonhos, bravos companheiros, os sonhos que assediaram meu leito, quando o sono havia acabado de abraçar a noite. Eles me ordenam que eu parta dessas terras sem renome, onde a nobreza abomina permanecer e ninguém além do ingênuo Enéas suportaria. Vamos embarcar! E já! A deusa Destino nos chama a bordo para cortar os mares com

---

[84] Dido tem origem fenícia.

nossos navios negros, aos quais os ventos ligeiros podem servir por dias inteiros e segui-los, como lacaios, na travessia dos abismos. Já Dido lança seus olhos sobre mim, como âncoras, querendo reter meus navios no porto. *Volte! Volte!*, já escuto seus gritos ao longe, *deixe que eu prenda seu corpo aos meus lábios, e nossos corpos, deixe que os mantenha unidos por suas línguas enroscadas, famintas, de modo que, como um único ser, permaneçamos seja para onde for que Enéas vá!*

ACHATES

Melhor banir essa perniciosa senhora de sua boca e seguir, sempre, as estrelas que preveem seu futuro. Esta vida em Cartago não é para um guerreiro e aqui o luxo e os divertimentos podem esgotar a força de um soldado, assim como os sedutores volteios dos olhos podem tornar sem vigor nossos espíritos, dedicados à guerra.

ILIONEUS

Ora, vamos construir nossa própria cidade em vez de permanecer aqui, ociosos, perdidos entre suspiros amorosos. Dido será capaz de erguer o idoso Príamo de seu túmulo e reconstruir a cidade que os gregos incendiaram? Não, não, ela não se importa que nos afoguemos ou sigamos a nado; tanto faz, contanto que tenha Enéas em seus braços.

CLOANTHUS

Para a Itália, meus bons companheiros, não permaneçamos aqui nem mais um instante.

ENÉAS

Troianos, a bordo, e eu irei ter com vocês logo em seguida.

[Saem todos, menos Enéas.]

ENÉAS

Sei que preciso partir e, no entanto, a beleza me retém aqui. Abandoná-la deste modo, sem ao menos me despedir, seria uma transgressão a todas as leis do amor. Mas se for lhe agradecer formalmente pela acolhida, como amigos costumam fazer, na praia da partida, seus braços prateados irão me envolver e lágrimas de pérola acompanharão seus lamentos: *Fique, Enéas, fique!* Cada palavra que ela pronunciar terá, então, o peso de uma coroa, e cada frase será concluída com um beijo. E eu posso não suportar esses ardis femininos. Para o mar, Enéas! Para a Itália!

ATO IV, CENA 4

[Entram Dido e Anna.]

DIDO
Oh, Anna, vá depressa para a praia! Estão dizendo que os homens de Enéas estão embarcando neste momento. Pode ser que Enéas esteja planejando fugir com eles. Não perca tempo me dizendo coisa alguma, Anna! Corra! Vá!

[Sai Anna.]

DIDO
Ah, tolos troianos! Que querem fugir daqui sem sequer se explicarem a Dido! Eu teria dado a Achates um tesouro em ouro, e a Ilioneus, uma fortuna em goma e especiarias da Líbia. Aos soldados, teria presenteado com mantos bordados e apitos de prata para controlar os ventos, os mesmos que Circe[85] enviou para Sichaeus, enquanto este ainda vivia. Nenhum deles merece as graças que uma rainha pode proporcionar. Lá vêm eles. Como posso repreendê-los com a necessária dureza?

[Entram Anna, Enéas, Achates, Ilioneus, Sergestus e a escolta.]

ANNA
Foi bem a tempo. Enéas já estava a bordo e as velas estavam erguidas.

---

85 Poderosa feiticeira imortal, de grande beleza, que por Ulisses se apaixonou. Personagem importante da *Odisseia*.

DIDO

É assim que você me ama?

ENÉAS

Majestosa Dido, permita que eu fale. Fui à praia me despedir de Achates.

DIDO

E por que Achates não veio se despedir de mim?

ACHATES

Por que temia que Vossa Majestade me retivesse aqui!

DIDO

Para livrá-lo dessa dúvida, pode voltar para o seu navio e partir, imediatamente. Eu ordeno que se faça ao mar imediatamente.

ACHATES

Permita que Enéas venha a bordo conosco.

DIDO

Vá você para seus navios. Enéas deseja ficar.

ENÉAS

O mar está revolto e os ventos sopram para a praia.

DIDO

Oh, mentiroso Enéas, então agora o mar está revolto. Mas, quando você estava a bordo, o mar estava suficientemente tranquilo para que Achates partisse.

ENÉAS

A rainha de Cartago não tem em seu poder meu único filho? Dido acredita que eu o abandonaria?

DIDO
Enéas, perdoe-me, esqueci que o jovem Ascânio ficou comigo esta noite. O amor me cegou de ciúmes, mas, para remediar o ocorrido, aqui tem a coroa imperial da Líbia, envergue você o cetro púnico em meu lugar e me castigue, Enéas, por este crime.

[Dido dá a Enéas a coroa e o cetro.]

ENÉAS
Este beijo será todo o castigo de Dido.

DIDO
Oh, a coroa se torna logo parte da cabeça de Enéas. Fique comigo, Enéas, seja nosso rei.

ENÉAS
Como sou fútil, ostentando este diadema e segurando este cetro de ouro. Um elmo de ferro e não uma coroa, uma espada e não um cetro, é isso o que combina com Enéas.

DIDO
Mesmo assim, fique com eles e deixe que me sacie contemplando-o. Agora, Enéas se assemelha a Júpiter, o imortal. Oh, onde estão Ganimedes, o copeiro do Olimpo, para lhe entregar sua taça, e Mercúrio, para voar, como seu mensageiro? Dez mil cupidos flutuam no ar, fascinando-se com o rosto adorável de Enéas. Oh, quem dera nuvens nos cobrissem agora, de modo que você e eu pudéssemos nos amar sem sermos vistos. Os céus, invejosos de nossa alegria, estão pálidos como cera. E, quando gemêssemos de prazer, as estrelas despencariam para vir se juntar a nós, em nossas carícias.

ENÉAS
Oh, Dido, senhora de nossas vidas, quando eu a deixar, que a morte seja meu castigo. Que ondas volumosas e iradas caiam sobre nós, que o Destino nos atinja com seus caprichos e vendavais, ameaçadores rochedos

e recifes! Aqui é o único porto por que Enéas anseia e veremos então que tormentas poderão agora me afligir.

DIDO

Nada no mundo pode tirá-lo dos meus braços. Enéas terá à sua disposição tantos mouros quantas forem as gotículas do mar. E agora, para que ele experimente os benefícios do meu amor, minha boa irmã, Anna, leve meu amado com você. Montado em meu ginete, que ele cavalgue, como o marido de Dido, pelas ruas de Cartago, e que toda a minha guarda, com seus dardos da Mauritânia, venha escoltá-lo como seu senhor e soberano.

ANNA

Mas, e se os cidadãos se mostrarem descontentes?

DIDO

Aqueles que não aceitarem as ordens de Dido devem ser executados imediatamente por esse atrevimento. Desde quando camponeses ordinários podem questionar o que eu faço? Minha é a terra de onde tiram seu sustento, meu é o ar que eles respiram, a água, o fogo e tudo o que possuem, suas propriedades, seus bens e suas vidas. E eu, deusa de todo este reino, ordeno que Enéas cavalgue por ele como rei e senhor.

ACHATES

Por sua divina descendência, Enéas bem merece um reino tão grande como a Líbia.

ENÉAS

Sim, e a não ser que Destino esteja me ludibriando, num rico reino como esse irei me instalar.

DIDO

Não fale em outras terras. Este reino é seu. Dido é sua e de agora em diante hei de chamá-lo *meu senhor*. [Para Anna:] Faça o que lhe ordenei, irmã, conduza Enéas e, de uma torre, ficarei contemplando o meu amor.

ENÉAS

Então, de mim e nesta terra, deve florescer a raça de Príamo, e então, eu, Achates, em vingança por Príamo, por Troia, pelos cinquenta filhos de nosso rei, pelas vidas de nossa família e pela alma de milhares de inocentes, liderarei exércitos contra os odiosos gregos e incendiarei a orgulhosa Esparta.

[Saem todos, exceto Dido e os servos.]

DIDO

Enéas fala como um conquistador. Oh, abençoadas tempestades que o trouxeram para mim. Oh, felizes baixios que o fizeram aportar aqui! De hoje em diante, vocês serão os deuses de Cartago. Ah, mas ele ainda pode abandonar meu amor e perseguir essa terra chamada Itália. Quem dera eu possuísse um feitiço para guardar as ventanias fechadas numa esfera de ouro ou que o mar Tirreno estivesse sob o meu controle, de modo que Enéas naufragasse em meus seios toda vez que tentasse erguer de novo suas velas. Preciso tomar precauções, somente as minhas preces não adiantarão nada. Vá, ordene à minha ama que pegue o jovem Ascânio e o esconda em sua casa, no campo. Enéas jamais partiria sem seu filho. Mas, e se ele, mesmo assim, for embora? Oh, quantos receios! Que me tragam então seus remos, seus cordames e velas.

[Saem os servos.]

DIDO

E se eu afundar seus navios? Oh, ele vai ficar furioso! Mas é melhor a fúria dele do que eu morrer de sofrimento. Não, não suportarei vê-lo furioso comigo, isso não pode acontecer. Exércitos inimigos decididos a invadir esta cidade ou traidores ímpios conjurando para acabar com a minha vida, nada disso me amedronta, apenas o rosto zangado de Enéas pode atemorizar o pobre coração de Dido. Nem lanças sangrentas, cortando o ar, anunciando a queda do meu trono, nem ofuscantes cometas, prenunciando a morte de Dido; é apenas o rosto contrariado de Enéas que poderia pôr fim aos meus dias. Se ele jamais me abandonar, também eu nunca morrerei, porque através de seu olhar enxergo a eternidade e ele me tornará imortal com apenas um beijo.

[Entra um nobre com os servos, trazendo remos, cordames e velas.]

NOBRE

Sua serva já partiu, levando o jovem Ascânio, e aqui estão os equipamentos dos navios de Enéas.

DIDO

São essas velas que conspiram com os ventos para levar Enéas embora? Vou pendurá-las nos aposentos onde me deito. Que elas carreguem, se puderem, minha casa para a Itália; vou deixar as janelas abertas de modo que entrem as ventanias para tentar arrebatar-me a vida, a vida da pobre rainha cartaginesa, tão apaixonada. Então, mesmo que ele parta, permanecerá em Cartago, e que seja a rica Cartago a navegar pelos mares, enquanto eu terei Enéas em meus braços. É esta a madeira, crescida nas planícies de Cartago e que estará enfrentando as ondas para roubar de sua senhora seu hóspede troiano? Ah, árvores amaldiçoadas, se vocês tivessem, por prudência ou premonição, avaliado o quanto eu estimo o amor de Enéas, teriam saltado das mãos dos marinheiros e me avisado que Enéas planejava partir. Mesmo assim, não as culpo, vocês são apenas madeira. Culpo à água, que nossos poetas chamam de ninfas, porque suportam que estes remos lhes acariciem os seios, e não os repelem, sabendo que o meu amor está sobre ela? A água é um elemento, não uma ninfa. E por que devo culpar Enéas por sua fuga? Oh, Dido, não o culpe, e sim quebre seus remos, esses são os instrumentos que o impelem para longe de você. Nem são tão importantes assim esses ordinários cordames, e no entanto eles se atrevem a içar a dor para dentro do meu coração: não são vocês que erguem estas velas? Por fazerem isso, Dido vai enchê-los de nós e cortá-los com suas próprias mãos. Agora, servem apenas para castigar grumetes, por suas faltas, e nunca mais insultarão a rainha de Cartago. Que Enéas agora pendure meus favores em seus mastros e verá se eles lhe servirão no lugar de suas velas. Por cordames, que ele tenha as correntes de ouro com as quais cobrirei seus seguidores. Em vez de remos, que ele use as mãos para navegar para a Itália. Disso vou me certificar; venham, tragam tudo!

ATO IV, CENA 5

[Entram a ama e Cupido, como Ascânio.]

AMA
Meu senhor Ascânio, você precisa me acompanhar.

ASCÂNIO
Para onde? Devo ficar aqui com minha mãe.

AMA
Não, você deve vir comigo para minha casa. Tenho um pomar onde crescem ameixeiras, amendoeiras, figueiras, tamareiras, amoreiras-silvestres, macieiras, laranjeiras e um jardim com colmeias repletas de mel, rosas de perfume almiscarado e mais mil espécies de flores. Por esse jardim passa um riacho prateado, onde você poderá ver peixes de barbatanas vermelhas saltando e cisnes, muito brancos, além de outras adoráveis aves. Diga, então, Ascânio, não quer vir comigo?

CUPIDO
Claro, eu irei! E a que distância fica a sua casa?

AMA
Não muito perto, meu garoto. Precisamos partir de imediato.

CUPIDO
Ama, sinto-me fraco. Você me carregaria em seu colo?

AMA
Ah, sim, e você habitará meus seios e me chamará de mãe.

CUPIDO

Farei isso, se você me amar.

AMA

Ah, que eu viva o bastante para ver esse menino se tornar um homem. Que sorriso lindo ele tem! Vamos, seu travesso, quando ficar mais velho, vai ser irresistível. Diga Dido o que quiser, não sou uma velha e não serei mais uma viúva. Sou jovem e terei um marido ou um amante.

CUPIDO

Terá um marido, mesmo privada de dentes?

AMA

Oh, mas o que estou dizendo? Quantas tolices! Amor é tolice, um brinquedo. Oh, amor sagrado, se existir algum paraíso na Terra, é o amor, especialmente em mulheres, quando estão na idade certa. Ruborize-se, ruborize-se, que vergonha! Como pode ainda ficar agora pensando em amor? Um túmulo, e não um amante, é o que convém à minha idade. Um túmulo? Mas por quê? Posso viver ainda até os cem anos: oitenta anos é a idade de uma garota; o amor é doce. Mas... minhas veias murchas e meus tendões, secos. Como posso pensar em amor, agora que estou perto de morrer?

CUPIDO

Venha, ama!

AMA

Bem, se ele perdeu os desejos, deve mesmo correr, agora. Foi pouco inteligente ter-lhe dito não.

[Saem.]

ATO V, CENA 1

[Entra Enéas, com um papel nas mãos, desenhando o diagrama da cidade; com ele estão Achates, Cloanthus, Sergestus e Ilioneus.]

ENÉAS
Triunfo, meus companheiros. Nossa jornada chegou ao final. Aqui, Enéas erguerá uma magnífica Troia, mais imponente do que aquela que a crueldade dos atridas[86] destruiu. Cartago já não terá seus frágeis prédios, porque eu a adornarei de construções muito mais belas e a cobrirei de ornamentos de cristal, onde o dia reluzirá mais prazerosamente; do Ganges dourado da Índia trarei tesouros que ficarão guardados em suas torres, e prudentes muralhas triplas a cercarão. O sol do Egito trará consigo seus penetrantes odores, em seus raios ardentes, como laboriosas abelhas que carregam suas coxas do mel da Sicília, e essa fragrância adocicada impregnará nossos agradáveis logradouros.

ACHATES
Que comprimento e largura deverá ter essa corajosa cidade?

ENÉAS
Não mais do que quarenta passos.

ILIONEUS
Mas será chamada Troia? Como a nossa antiga cidade?

---

[86] Os gregos, comandados por Agamênon, filho de Atreu.

ENÉAS
Ainda não decidi isso.

CLOANTHUS
Que ela seja chamada *Eneia*, em sua homenagem.

SERGESTUS
Melhor que seja *Ascânia*, em homenagem ao seu filho.

ENÉAS
Não, não, vou chamá-la de *Anchisaeon*, em homenagem ao meu pai.

[Entram Mercúrio e Ascânio.]

MERCÚRIO
Espere, Enéas. O mensageiro de Júpiter lhe ordena que se detenha, agora.

ENÉAS
Quem vejo, o mensageiro alado de Júpiter. Bem-vindo à recém-construída Cartago.

MERCÚRIO
Por que, meu primo, você quer ficar aqui construindo cidades e embelezando o império dessa rainha, enquanto a Itália é apagada de sua mente? Terá se esquecido de sua própria missão, a ponto de trair o destino de seu filho? O rei dos deuses enviou-me do alto dos céus para fazer esta irritada mensagem ressoar em seus ouvidos. Homem fútil, que monarquia esta terra pode lhe prometer? Com que pensamentos tem se deitado você, nesta costa líbia? Se todo desejo de glória já o abandonou e agora você despreza tais objetivos, pelo menos pense na profecia feita sobre Ascânio, prometendo-lhe um império de mais de mil anos. Trouxe aqui comigo seu filho, que estava adormecido no monte Ida, e levei o jovem Cupido para a ilha de Chipre.

ENÉAS

Foi minha mãe que iludiu a rainha e que me fez ver, no meu irmão, meu filho. Não me admira que Dido tenha se apaixonado por mim, carregando por tanto tempo Cupido nos braços. Seja bem-vinda, meiga criança. Onde tem andado?

ASCÂNIO

Comendo as doces iguarias da ama de Dido, que desde então me embala em seu regaço.

ENÉAS

Sergestus, leve-o imediatamente para nossos navios. Temo que Dido, alertada por seus espiões, o pegue como refém.

[Saem Sergestus e Ascânio.]

MERCÚRIO

Você perde tempo com esse menino e não dá ouvidos à mensagem que lhe trouxe? Digo-lhe que você deve rumar imediatamente para a Itália, senão enfrentará a ira de Júpiter.

ENÉAS

Como devo me fazer ao mar e enfrentar as profundezas, se não tenho velas nem cordames para os meus navios? A não ser que os deuses me tornem um novo Deucalião,[87] que sobreviveu ao dilúvio enviado por Júpiter, como posso atravessar as subidas e descidas das ondas? Dido consertou meus navios, mas tomou meus remos e mastros, não me deixou a bordo nem velas nem popa.

[Entra Iarbas.]

---

[87] Deucalião e sua mulher, Pirra, foram os únicos poupados por Júpiter, quando o grande deus decidiu exterminar toda a criação com um dilúvio.

IARBAS
Está triste, Enéas? Por quê?

ENÉAS
Iarbas, não disponho de mais nada a não ser de mim mesmo. Júpiter me convocou a uma missão impossível e não há arte no mundo nem inteligência que possam me ajudar a cumpri-la.

IARBAS
Minhas preces foram atendidas? Posso lhe pedir que me conte tudo?

ENÉAS
Ele me ordena que parta imediatamente para a Itália, mas me faltam equipamentos para meus navios e suprimentos para meus homens.

IARBAS
Se é só esse o problema, pode se alegrar. Que alguns de seus homens me acompanhem e eu lhe darei tudo do que necessita.

ENÉAS
Muito obrigado, generoso Iarbas. Achates e os demais, acompanhem-no. Serei para sempre agradecido por sua cortesia.

[Saem Iarbas e os homens de Enéas.]

ENÉAS
Agora, navegarei até o litoral laviniano e lá assentarei as fundações da nova Troia. Sob o testemunho dos deuses, dos céus e da terra, como estou pesaroso de deixar as terras líbias, mas é Júpiter quem assim ordena.

[Entra Dido.]

DIDO
[À parte.] Receio ter visto o filho de Enéas aqui, há pouco, e Achates o levava para a frota troiana. Se foi assim, o pai está planejando fugir. Mas

aqui está ele, agora. Vamos, Dido, use sua inteligência! [Para Enéas:] Enéas, por que os seus homens estão subindo a bordo? Para que propósito, despachado pelos céus, seus navios estão sendo preparados para viagem? Perdoe-me por perguntar, mas é o amor que me obriga a isso.

ENÉAS

E que Dido me perdoe pelas respostas que vou lhe dar. Enéas não vai mentir para o seu querido amor. Preciso partir. Agora há pouco, o ligeiro Mercúrio, no que eu estava desenhando um diagrama para estas muralhas, surgiu para mim e me repreendeu, em nome de Júpiter e com toda aspereza, por continuar aqui, negligenciando a Itália.

DIDO

Mas, mesmo assim, Enéas não abandonará o seu amor!

ENÉAS

Recebi uma ordem do imortal Júpiter para deixar esta cidade e navegar para a Itália, e preciso obedecê-la.

DIDO

Estas palavras não podem estar saindo do coração de Enéas.

ENÉAS

Não, não estão, porque me custa muito fazer o que vou fazer. Mas não posso ficar. Adeus, Dido.

DIDO

Adeus? É esta a retribuição pelo amor de Dido? É assim que os troianos abandonam o seu amor? Como pode Dido continuar vivendo? Eu morrerei se você me disser adeus.

ENÉAS

Então, me deixe partir sem dizer adeus.

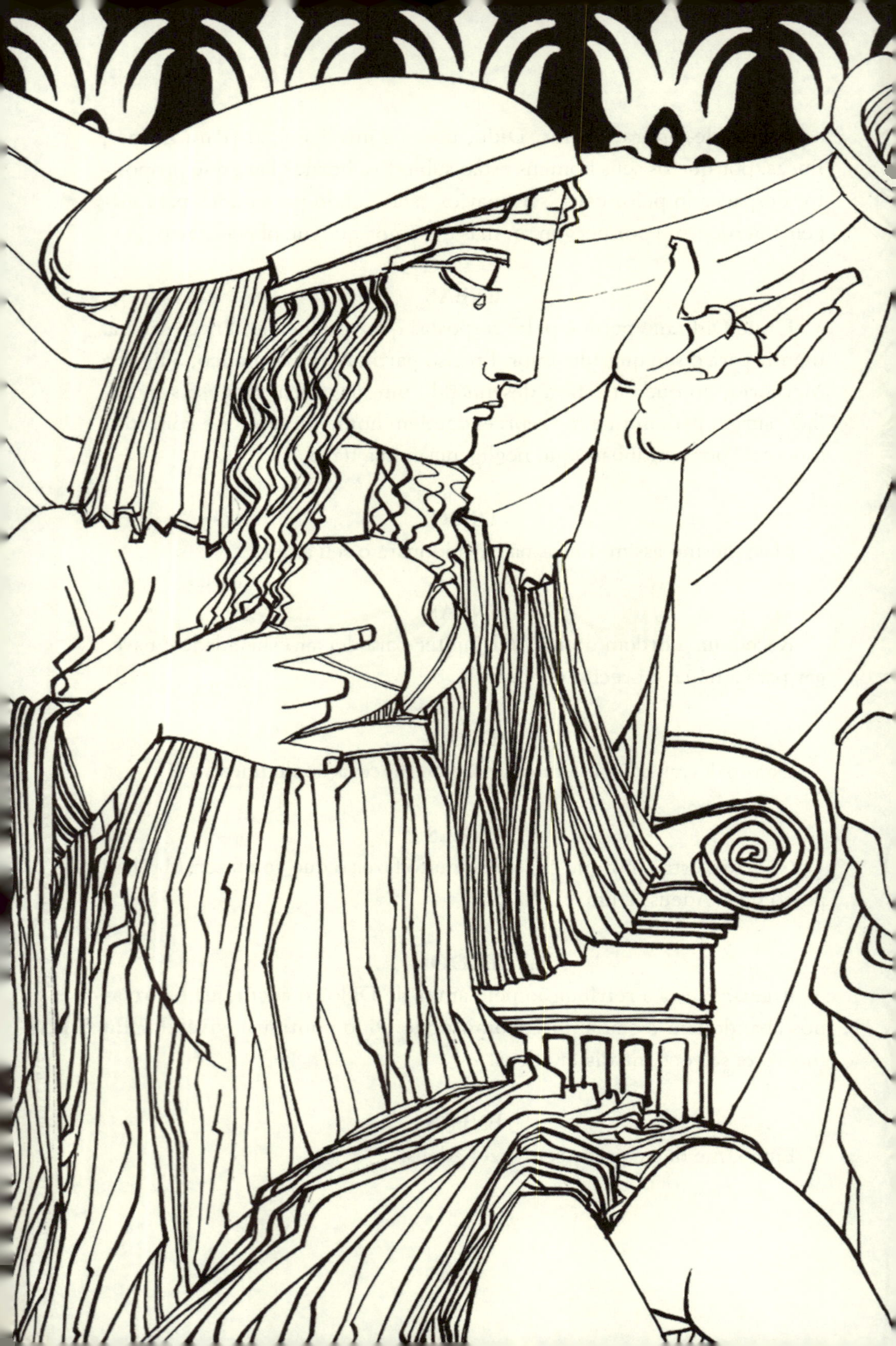

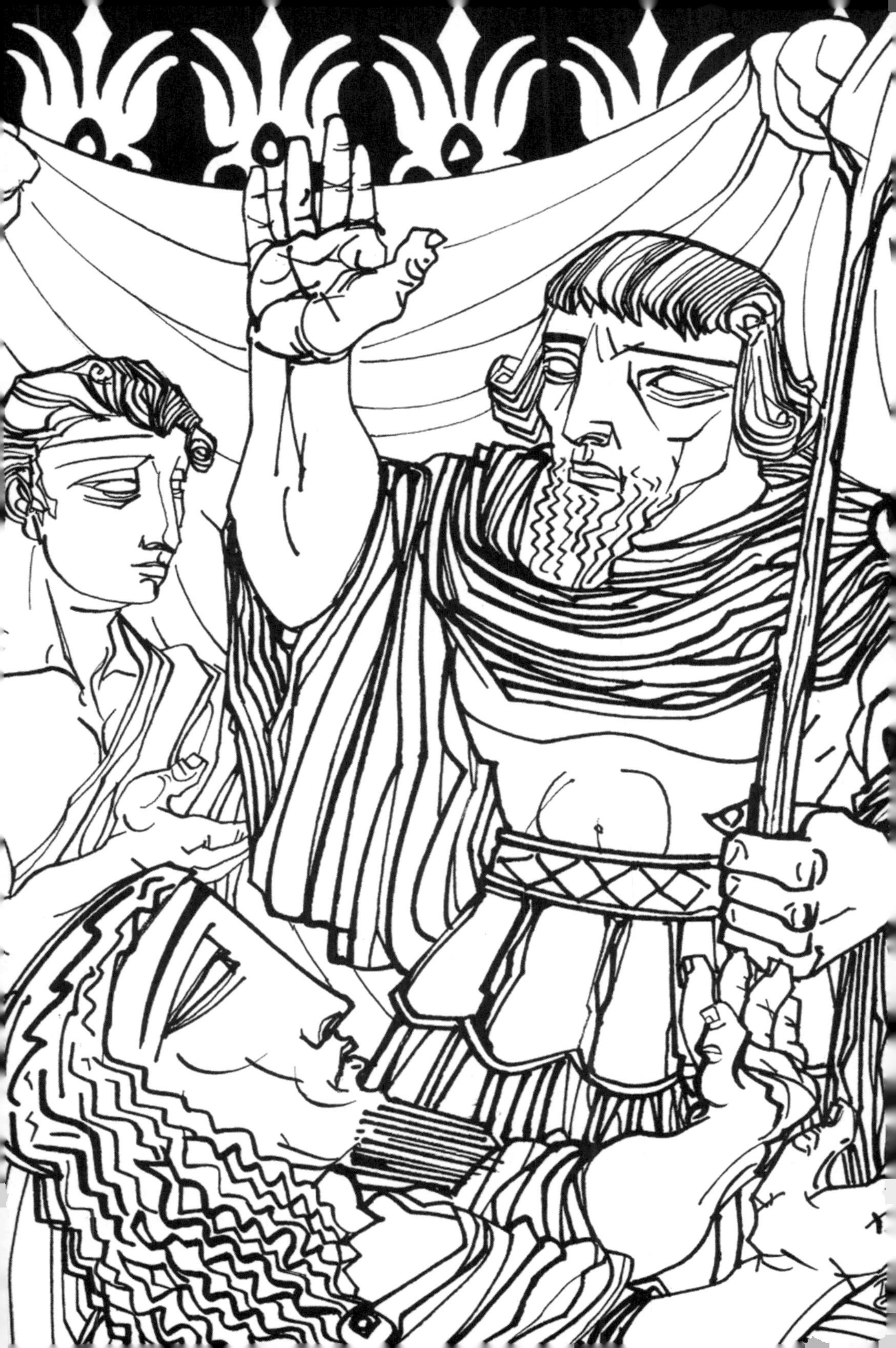

DIDO

Me deixe partir... adeus... preciso partir... Essas palavras são como veneno para os ouvidos de Dido. Por que você olha com tanto desejo para os mares? Já houve tempo em que seus olhos não viam senão a beleza de Dido. Sou menos linda agora do que quando você me viu pela primeira vez? Se é assim, Enéas, foi por tanto sofrer por você. Diga que vai ficar em Cartago com a sua rainha, e a beleza de Dido retornará ao que era. Não quer beijar Dido agora? Não quer tomar a minha mão? A sua mão e a minha juraram eterna fidelidade, e, mesmo assim, brutal Enéas, o que você me pede é para deixá-lo ir sem dizer adeus?

ENÉAS

Oh, rainha de Cartago, mesmo que você fosse feia como a escuridão, Enéas não conseguiria evitar de amá-la. Ainda assim, não pode desobedecer aos deuses.

DIDO

Os deuses? Que deuses são estes que buscam minha morte? Quando terei eu ofendido Júpiter para que ele arranque Enéas de meus braços? Ah, não! Os deuses não avalizam o que fazem os amantes. É Enéas quem manda Enéas partir, e a infeliz Dido, com suas faces cobertas de lágrimas, com esta mão direita e com os ritos sagrados de nosso matrimônio, é quem deseja que ele fique. Se algum dia lhe prestei algum auxílio, se qualquer coisa em mim já lhe agradou, entristeça-se por nosso lar destruído, volte atrás nesse seu propósito, eu lhe imploro, a não ser que seja tarde demais para minhas súplicas!

ENÉAS

Chega de recriminações que só fazem torturar a nós ambos. É a vontade dos deuses, e não a minha, que diz: *Itália!*

DIDO

Você já esqueceu quantos reis de terras vizinhas ao meu reino pegaram em armas por eu tê-lo eleito o meu amor? Esqueceu também que toda a Cartago se rebelou e da revolta de Iarbas, que o mundo inteiro me chamou de a segunda Helena, por eu ter me deixado seduzir por um estrangeiro? Quem dera você se mostrasse tão sincero quanto Páris, e então, como aconteceu à linda Troia, Cartago poderia até ser saqueada e eu ser chamada de uma segunda Helena! Se eu tivesse tido um filho seu, a dor seria menor, porque poderia ver Enéas no rosto dele. Agora, se você partir, o que vai deixar comigo, a não ser um vazio que só aumenta minha desgraça?

ENÉAS

Em vão, meu amor, você desperdiça seu fôlego ofegante. Se palavras pudessem me tocar, eu já estaria subjugado.

DIDO

Então, você não se comoverá com as palavras de Dido? Sua mãe não pode ter sido uma deusa, homem perjuro, nem pode ter sido Dárdano[88] o patriarca da sua raça; você deve ter nascido da vil cordilheira do Cáucaso, na Cíntia, e só pode ter sido amamentado por tigres da Hircânia.[89] Ah, tola Dido, como suportou tanta injúria! Você não foi despejado no litoral da Líbia pelo mar? Não veio ter a Dido como um miserável pescador? Não fui eu que consertei seus navios, fiz de você um rei e dei a seus seguidores tudo de que precisavam? Ah, mas que serpente rastejou dos mares para nossa praia, e pensar que eu, compadecida, o abriguei em meus seios, mas você feriu Dido com suas presas venenosas e sibilou contra mim por ter salvo sua vida. Vá, vá, não pense em mais nada. Vá em busca da Itália. Espero que aquilo que o amor me proíbe de fazer o façam, e bem, os rochedos e os golfos marítimos. Que você morra nos trajetos das ondas! Que elas vinguem a pobre Dido! Ah, seu traidor! As ondas haverão de castigá-lo, aonde quer que você e o dissimulado Achates vão. E, se por felicidade couber a mim dar-lhes sepultamento, chorarei sobre suas carcaças sem vida, embora nem você nem ele tenham a menor pena de mim. Por que fica olhando desse jeito parado o meu rosto? Se quer ficar, salte para os meus braços, meus braços que estão totalmente abertos. Mas, se não, não olhe para mim, assim como eu voltarei as costas para você, porque, se você endureceu seu coração o bastante para me dizer adeus, eu não sou capaz de escutá-lo.

[Sai Enéas.]

---

[88] Fundador de Troia.
[89] Na região em torno do mar Cáspio, também conhecido como Mar Hircânio, bordejando a Rússia, o Irã, o Cazaquistão, o Azerbaidjão e o Turcomenistão.

DIDO

Ele se foi? Ah, mas voltará, ele não pode partir assim. Ele também me ama demais para fazer isso comigo. Mesmo que esteja fora de minhas vistas, continuará sendo meu. Por isso, chegará à praia e seus marinheiros o pegarão pela mão; então, ele os afastará e irá recuar, ao se lembrar de mim, e ficará, e retornará correndo: *Bem-vindo, meu amor! Bem-vindo de volta!*... Mas... Onde está Enéas? Ah, não, ele se foi. Ele se foi!

[Entra Anna.]

ANNA

Por que minha irmã está assim, gritando e chorando?

DIDO

Oh, Anna, Anna... Meu Enéas embarcou em seu navio e me abandonou! Ele vai para a Itália. Já houve uma vez em que você conseguiu trazê-lo de volta. Traga-o para mim, Anna! E você será a rainha de Cartago, se conseguir! Vou viver uma vida recolhida, somente ele e eu!

ANNA

Cruel Enéas!

DIDO

Não o chame assim, minha irmã. Fale a ele com carinho e lance olhares de sereia em seu rosto. Lembre a ele que eu não fiz o juramento, no golfo Auli,[90] de trazer a desolação à sua terra natal, Troia, nem enviei mil navios contra as muralhas de sua cidade, nem jamais traí sua confiança. Peça a ele, com toda meiguice, que volte para mim. Não desejo senão que ele espere por mais uma ou duas estações, e então poderei aprender a suportar essa perda. Se ele partir, assim tão de repente, eu morrerei. Corra, Anna, corra! Não perca tempo em dizer coisa alguma.

---

[90] Ponto de encontro da frota grega, de onde partiram os navios para Troia.

ANNA
Estou indo, boa irmã, e que os deuses me concedam êxito.

[Sai. Entra a ama.]

AMA
Oh, Dido, seu pequeno Ascânio se foi. Ele se deitou comigo na noite passada, mas de manhã havia desaparecido. Creio que algum espírito o levou.

DIDO
Bruxa maldita! Fingida e mentirosa! Ainda vem me torturar com essa história diabólica que inventou? Você, por algum presente sórdido, o deixou ir, e fiquei sem o meu garoto! Para a prisão com ela, imediatamente, sua feiticeira traidora e perversa!

[Entram os servos.]

AMA
Não sei do que Vossa Majestade está falando, quando me chama de traidora. Sou tão sincera quanto qualquer um de seus súditos.

[Os servos saem levando a ama.]

DIDO
Lá vem minha irmã de volta, e não gosto do ar de tristeza em seu rosto.

[Entra Anna.]

ANNA
Antes que eu chegasse lá, Enéas já havia embarcado e, ao me ver me aproximando, apressou-se a içar suas velas. Ainda gritei: *Enéas, desleal Enéas, espere!* Então, vi que me acenou com a mão e a deixou erguida de um modo que me fez supor que havia me escutado. Mas logo se afastavam, mar adentro, e quando vi isso gritei de novo: *Enéas, espere! Dido, a*

generosa Dido, deseja que Enéas fique aqui! No entanto, o seu coração de pedra, não puderam amolecer minimamente nem minhas lágrimas nem minhas súplicas. Então, comecei a arrancar os cabelos, de tanta dor, e todos os seus homens viram isso, somente ele desviando seu olhar. Ainda tentaram convencê-lo a voltar para aplacar meu desespero, e pelo menos vir escutar o que eu tinha a lhe dizer, mas ele se ocultou no convés inferior e os navios se foram.

DIDO
Oh, Anna, Anna, vou já atrás dele!

ANNA
Como isso é possível, se Enéas levou toda a frota de Cartago?

DIDO
Vou me munir de asas de cera, como fez Ícaro,[91] e, bem acima de seus navios, vou me lançar para dentro do sol. Então, as asas derreterão e eu cairei nos braços de Enéas. Ou que eu possa nadar como a sobrinha de Tritão.[92] Oh, Anna, traga-me a harpa de Arion[93] para que eu possa encantar golfinhos e atraí-los à praia. Então, montarei no dorso de um deles e assim alcançarei o meu amor. Olhe, minha irmã, olhe, são os navios do meu amado Enéas. Veja, veja, as ondas o erguem para o firmamento e agora despencam as quilhas para as profundezas. Oh, minha irmã! Oh, Anna! Afaste dali os rochedos e arrecifes para que não partam em pedaços seus navios. Oh, Proteus,[94] Netuno e Júpiter, salvem Enéas, o amor da vida de Dido! Ele chega agora à praia, a salvo e sem ferimentos. Mas, veja, Achates quer se pôr de novo ao mar, e todos os seus homens o saú-

---

[91] Ícaro, filho de Dédalo, o construtor do labirinto de Creta, onde vivia o Minotauro, escapou usando asas em que sua armação de madeira e penas era ligada com cera. Encantando-se com o voo, elevou-se demais no céu e o sol derreteu a cera de suas asas. Ícaro morreu ao despencar no mar.
[92] Marlowe está confundindo o monstro do mar, sobrinha de Tritão, com o personagem da mitologia que se atirou ao mar, em desespero, perseguindo seu apaixonado, o rei Minos, de Creta. Tanto esta, filha do rei de Niso, quanto o monstro do mar, citado na *Odisseia*, chamam-se Cila.
[93] Arion, que encantava os golfinhos com a música de sua harpa.
[94] Um dos antigos deuses dos mares.

dam, mas ele, lembrando-se de mim, lhes volta as costas. Ele os deixou por mim! Por Dido! Veja, ele está vindo para mim! Bem-vindo, bem-vindo, meu amor! Venha, venha!

ANNA

Ah, minha pobre irmã, deixe dessas fantasias inúteis. Minha boa e meiga irmã, eu lhe suplico: lembre-se de quem você é.

DIDO

Dido é quem eu sou. A menos que esteja iludida a esse respeito. E só me resta o delírio, como fuga. Como pude dar-lhe os navios com os quais ele fugiu de mim? Agora, nada pode me levar a ele a não ser um navio, e ele partiu com toda a minha frota. O que devo fazer, a não ser morrer, depois de presenciar tal cena? Ah, serei então minha assassina. Mas, não, não é isso o que sou; devo manter minha dignidade. Anna, alegre-se; acabei de encontrar um recurso para me livrar desses pensamentos lunáticos. Não muito longe daqui, existe uma mulher famosa por seus ardis, filha das ninfas hespérides,[95] que exigiu de mim que sacrificasse suas pérfidas relíquias. Depressa, Anna, ordene aos meus servos que me tragam fogo.

[Sai Anna. Entra Iarbas.]

IARBAS

Por quanto tempo Dido vai chorar pela fuga de um estrangeiro que desonrou a ela e a Cartago? Por quanto tempo hei de consumir em dor os meus dias?

DIDO

Iarbas, não fale mais de Enéas, deixe assim que ele parta de vez.

[Entram os servos com a madeira e as tochas; depois saem.]

---

[95] Filhas de Héspero, guardiãs das maçãs de ouro, que habitariam o extremo ocidental do mundo conhecido.

Ponha mãos à obra e me ajude a fazer esta fogueira. Pretendo queimar tudo o que esse estrangeiro deixou, num sacrifício privado, e assim curar a minha mente que se derrete por um amor ingrato.

IARBAS

Mas, depois disso, Dido garante que me dará o seu amor?

DIDO

Sim, sim, Iarbas, depois que isto estiver concluído, ninguém mais no mundo, além de você, terá o meu amor.

[Dido e Iarbas erguem a fogueira e lhe ateiam fogo.]

DIDO

Agora, me deixe, ninguém deve entrar neste aposento.

[Sai Iarbas.]

DIDO

Tudo o que Enéas deixou para trás deve ser queimado. Aqui está a espada que ele, na escuridão de uma caverna, desembainhou e jurou ser fiel a mim. Você deve ser a primeira a queimar. Seu crime é maior do que o dele. Aqui estão as vestes com que primeiro o vesti, quando ele chegou a estas praias. Que vocês também sejam consumidas pelas chamas. E estas cartas, estes versos, todos estes papéis mentirosos devem ser queimados até as cinzas nestas preciosas chamas. E agora, deuses que guiam as estrelas e que ordenam todas as coisas, em seus caprichos e disposições, assegurem que, embora os traidores cheguem à Itália, sejam atormentados, sempre, e que nasça de minhas cinzas um conquistador, um grande general de Cartago, que os destrua com sua espada e sua inclemência.[96] Sim, porque, finalmente, resta ainda uma coisa do que Enéas abandonou aqui... Agora,

---

[96] Esse general cartaginês será Aníbal (247-183 a.C.).

Dido, juntamente com estas relíquias, imole-se no fogo, queime seu corpo e torne Enéas famoso no mundo inteiro por romper sua promessa e por ter matado uma rainha. *Litoral contra litoral, mar contra mar, arma contra arma... Invoco a vingança entre nós e eles até a última geração.* Viva em paz, Enéas! Dido, a que sabe amar, morre agora! *Vou para as trevas*[97] *e vou feliz!*

[Dido se joga às chamas. Entra Anna.]

ANNA
Oh, socorro! Socorro, Iarbas! Dido se jogou nas chamas! Ah, que tragédia!

IARBAS
Amaldiçoado Iarbas, morra então para expiar a dor lançada sobre a sua alma! Dido, vou já ao seu encontro! Lamente também por mim, Enéas!

[Iarbas joga-se às chamas.]

ANNA
Do que me valem agora minhas lágrimas e gemidos? Dido está morta, Iarbas também... Iarbas, meu amor querido! Ó meigo Iarbas, único prazer de Anna, a que fatalidade Destino me condena, testemunhar meu Iarbas se matar. Mas Anna agora vai honrá-lo, na morte, e misturar o sangue dela ao dele. É o que farei, e que os deuses e os homens lamentem a minha morte e arrependam-se por a terem causado, tão insensíveis. Oh, meigo Iarbas, eu estou indo para você.

[Anna também se joga às chamas.]

---

[97] Para os reinos infernais do deus Hades, irmão de Júpiter e Netuno.

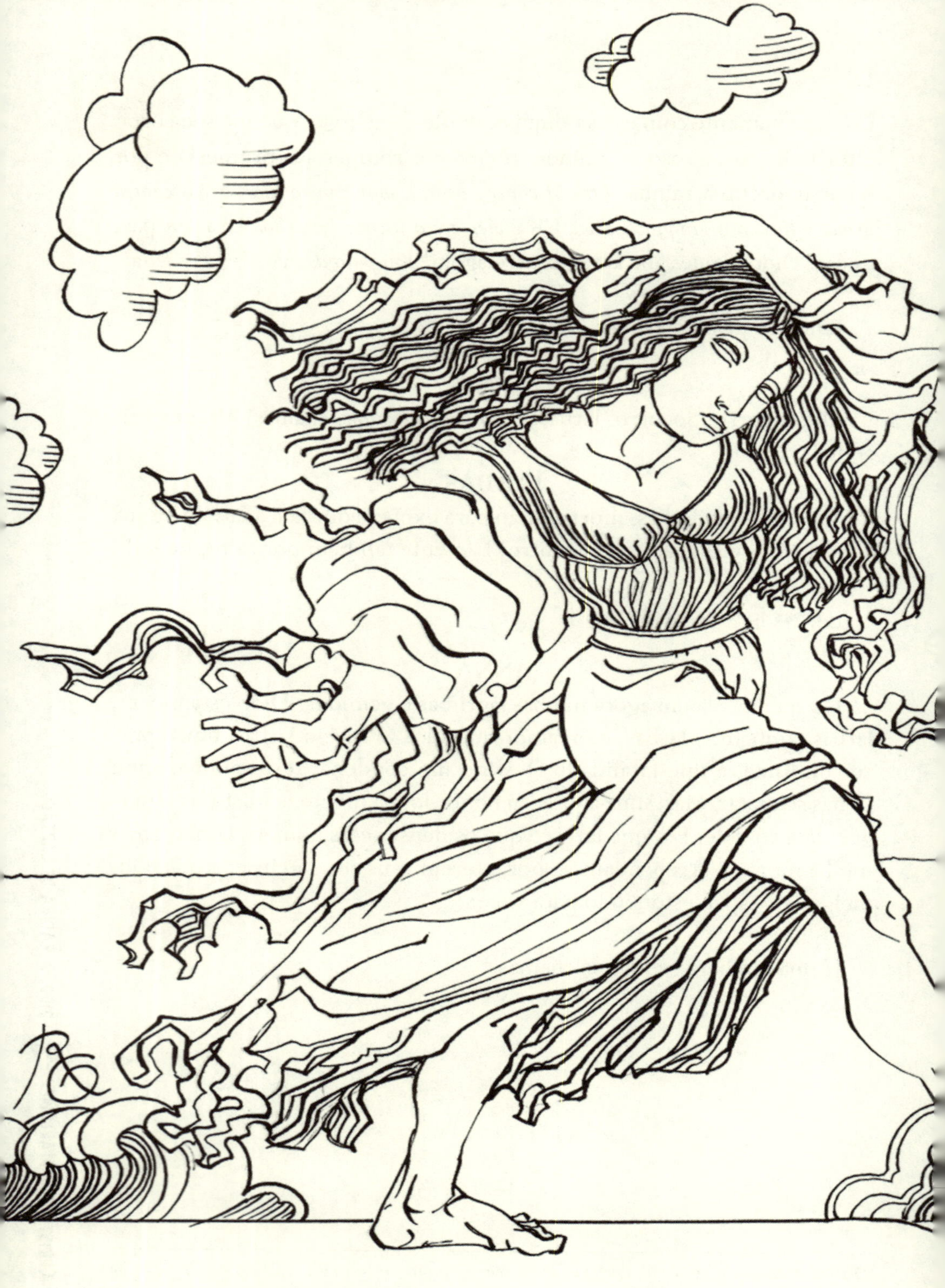

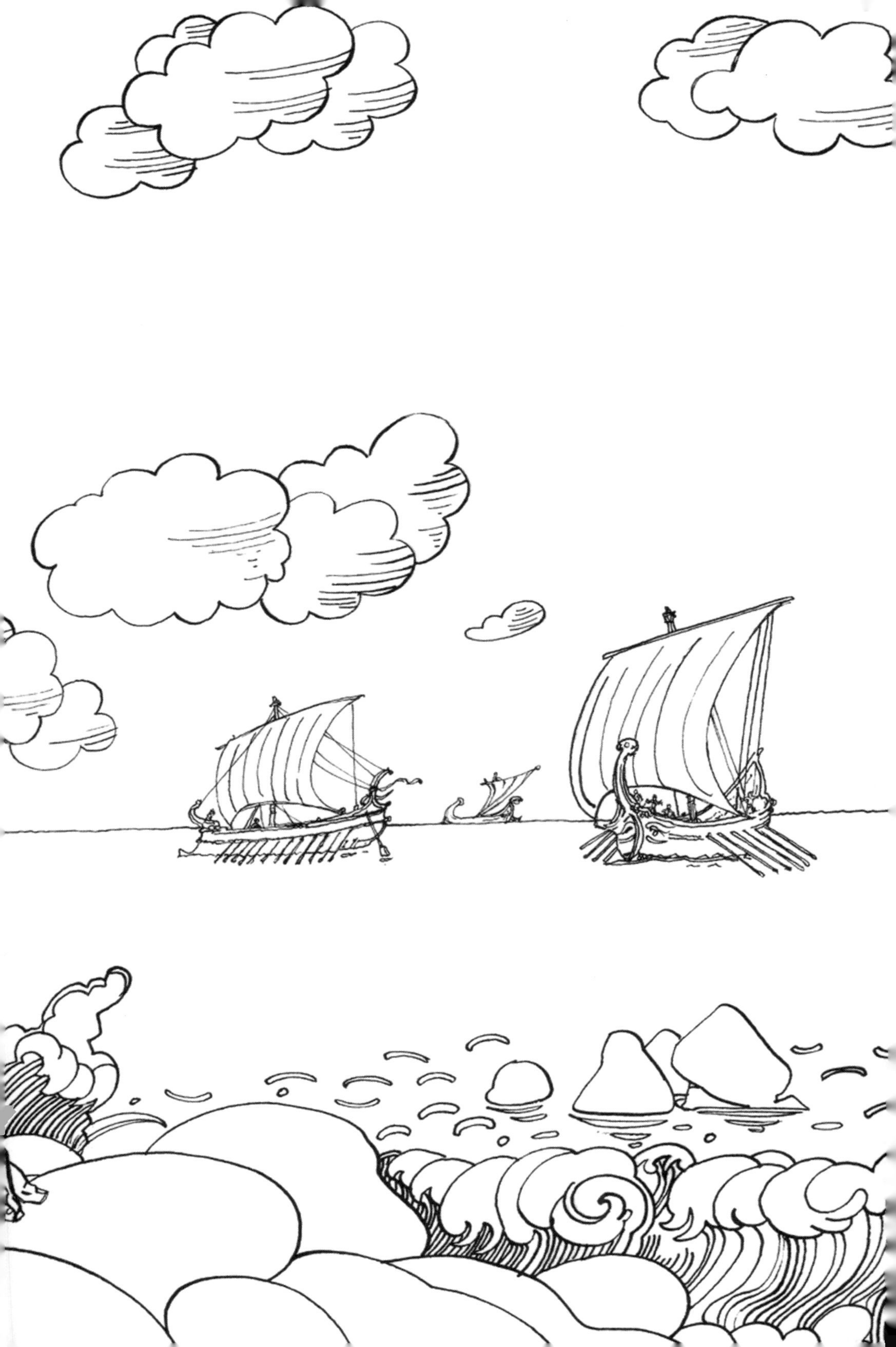

POSFÁCIO

Há várias lendas em torno de Chistopher Marlowe que lhe atribuem ora a condição de homossexual, ora de ateu, espião das autoridades inglesas e delator de delinquentes londrinos. Mas há também inúmeras imprecisões e brechas em sua biografia conhecida. Sabe-se que sua morte abalou todo o meio teatral da capital do Império, onde era endeusado. O próprio Shakespeare, apesar da rivalidade, assumidamente retomou temas — como a biografia teatralizada em tragédias de famosos reis da história da monarquia inglesa — de Marlowe. Há quem diga que a morte de Marlowe, numa taverna, tarde da noite, tenha sido obra de agentes da própria Elizabeth II, cansada das ousadias do dramaturgo. Por exemplo, há momentos na peça de Marlowe em que Dido é chamada pelo seu outro nome, Eliza, que poderia ser uma corruptela de Elizabeth, e a rainha não gostou nada de ter um *alterego* como personagem de uma tragédia que incluía paixão, humilhação, desespero e suicídio. Geralmente, no entanto, aceita-se que Marlowe, dado a bebedeiras e a meter-se em brigas nas tavernas mais obscuras de Londres, morreu esfaqueado, num desses episódios, sem outras implicações.

Marlowe mantém-se polêmico também em suas peças. Poderia ter optado por uma versão tradicional de Dido, mais próxima de Virgílio. Na *Eneida*, ao contrário de Marco Antônio, grande inimigo de Augusto que fora *dominado* por Cleópatra, Enéas não *trairá* o legado de Troia nem seus companheiros.

A *Eneida* é o próprio *espírito romano* de um dos momentos de maior opulência do Império Romano. Entre 27 a.C. e 14 d.C., o período em que Augusto ocupou o trono imperial ficou caracterizado pela *Pax Romana*. As guerras civis, entre os próprios generais romanos — que tiveram em Júlio César seu maior protagonista —, pela disputa do trono, foram encerradas. Houve paz também nas fronteiras do Império, as artes prosperaram e firmou-se o caráter ocidental da cultura romana, disseminada pelo maior império já visto.

No poema de Virgílio, o filho de Vênus segue o destino que lhe renderá glória e respeito imortal. Enéas e seu *caráter*, o esteio do império romano, são os protagonistas do poema de Virgílio. Mas não da peça de Marlowe.

Na *Eneida*, Dido se mata com a espada de Enéas para depois ser cremada. O final, mais retumbante que a Dido de Marlowe escolhe para si mesma, imolando-se na fogueira em que queima os pertences deixados por Enéas — ela própria um último *pertence de Enéas* que deveria ser queimado, para não existir mais nada que lembrasse o amor dos dois —, é mais poderoso, mais *devastador*.

O personagem principal de Marlowe é Dido, enquanto Enéas, aqui, é apresentado como alguém que se submete aos deuses, depois de ter se aproveitado do amor de Dido para recompor sua fortuna e reconstruir sua frota. A tragicidade de Dido é que, desde cedo, ela parece prever que será abandonada. Ela, tão senhora de si, normalmente, com seus ciúmes demonstra essa certeza fatal, assim como a de que não resistirá ao golpe. Mesmo assim, entrega-se a sua paixão, luta por seu homem, embora deva ser notado que Dido não se rendeu apenas aos encantos de Enéas, mas foi também vítima de sortilégios dos deuses.

Dido é vencida por si mesma, por sua decisão de se dar por inteiro, mesmo conhecendo seu desfecho, disposta a enfrentar até mesmo os deuses, que tem contra si desde o início. A pira em que se atirou, ao final, já estava acesa, de muito antes, em seu coração. Em suma, não haverá por muito tempo na dramaturgia e na literatura um personagem feminino tão imponente quanto Dido, rainha de Cartago.

PARA DISCUSSÃO E APROFUNDAMENTO

➢ Há leituras do mito de Fausto que o consideram uma reinterpretação do dilema da inserção das questões éticas, quando se trata de obtenção de conhecimento. Tudo é permitido para se adquirir saber? A investigação intelectual (e, hoje em dia, a científica) estaria acima da discussão ética? Como esse mesmo dilema se aplicaria a questões de hoje?

➢ Ainda em relação a Fausto, há muitas narrativas simbólicas ou mitológicas, que se referem ao momento em que a criatura humana se *afastou* do deus criador ao adquirir o conhecimento, como no mito de Prometeu. Na simbologia judaico-cristã, temos a *Árvore do Conhecimento do Bem e do Mal*, cujo fruto, consumido por Eva e Adão, determinou a expulsão deles do Paraíso. Já em outras mitologias, como na dos babilônios, o mesmo deus, Marduk, é o criador do Universo e aquele que concedeu à sua criatura a inteligência e a capacidade de construir uma civilização. Essa diferenciação da criatura em relação ao criador, por via do conhecimento, é um ponto interessante e bastante sugestivo que merece alguma reflexão. O conhecimento daquele modo é visto como um ato de *hubris* (soberba) da criatura humana em relação aos seus criadores, algo por vezes como *ingratidão*, passível de castigo.

➢ É interessante notar que esse tema ressaltado acima — a soberba, a pretensão de desvendar segredos divinos e de assumir o lugar do Criador, como detentor desses segredos — é bem caro ao romantismo, em sua ânsia de investigar as armadilhas e profundezas da alma humana. Goethe vai retomar a lenda de Fausto. Mary Shelley, com seu *Frankenstein, o Prometeu moderno*, também sugere que o homem, em busca de dominar segredos da vida e do universo, traz para si a perdição — o cientista Victor Frankenstein, criador do *monstro*, ao final do romance faz toda uma pregação nesse sentido. A criatura, que se apropriou, por obra de sua popularidade, do nome de seu criador, é uma aberração, uma metáfora do que seria esse *conhecimento blasfemo*, que deixa para trás os *limites humanos*. Bem o que Fausto desejou e obteve em troca de sua alma.

➤ O tema da *blasfêmia* também está presente em Dido, só que o *desejo* se volta para um amor impossível ou, melhor, um amor que os deuses, em seu capricho, condenaram. Essa postura de Dido também atrai para si a tragédia. Dido, com seu amor, desafia os desígnios dos deuses, aos quais deveria obedientemente ceder (mesmo que os deuses do Olimpo não sejam os *seus* deuses). Como se poderia atualizar para os dias de hoje esse conflito entre o desejo do ser humano e o imperativo dos deuses? Quando não se considera a fé — um elemento atuante também hoje —, os *deuses* estariam representados pelo quê, nessa *disfunção*? Ou, melhor, que paralelos poderiam ser construídos para produzir equivalência aos elementos aqui em conflito?

➤ Enéas teria ou não uma dívida, ou uma obrigação com Dido? Ou ele teria uma obrigação *maior* — cumprir, imperativamente — à qual a própria Dido deveria se curvar? Claro que são perguntas que incitam respostas bastante subjetivas, mas, ao mesmo tempo, aqui está todo o centro da imagem que irá se formar desses dois personagens de Marlowe.

➤ Dido é um personagem originalmente transformado na Literatura como um episódio do épico de Virgílio, *Eneida*. No entanto, enquanto no poema do século I a.C., como o título indica, o herói, aquele cujas virtudes são enfatizadas, é Enéas, Dido, a rainha de Cartago, ganha muito mais força dramática na versão de Marlowe.

Se for possível uma leitura comparativa, haveria uma fértil discussão sobre essa variação de ênfases entre os dois autores. É interessante notar que Virgílio, escrevendo sobre o patrocínio do primeiro imperador romano, César Augusto, a quem interessava sublinhar alguns paradigmas do que seria o espírito romano — entre esses, o predomínio do homem e do Ocidente sobre a mulher, o Oriente etc...

➤ Se em Virgílio a intervenção dos deuses ocorre para reequilibrar o *cosmo*, e no caso o destino traçado para Enéas — fundar Roma! —, na obra de Marlowe, essa intervenção parece ainda mais caprichosa e autocrática. *Fundar* Roma já não parece senão um imperativo distante. A *Eneida* teve profundo impacto sobre os cidadãos romanos do século I a.C., quando Roma conseguia pacificar as colossais extensões de seu Império e se afirmar como capital do mundo. Mas a *necessidade* de fundar Roma e iniciar sua história, ou seja, do ponto de vista do cidadão romano do século I a.C., a origem de uma trajetória, algo que precisava acontecer para que a glória de Roma eclodisse, não seria compartilhada pelo inglês do século XVI. Em suma, é sempre interessante reparar como a leitura de uma mesma obra modifica-se de acordo, entre outros fatores, com o momento vivido pelo público enquanto entidade coletiva sociocultural.

Este livro foi impresso na
Prol Editora Gráfica Ltda.
Av. Papaiz, 581
09931-610 – Diadema, SP